PARE DE BRIGAR COM A VIDA

PARE DE BRIGAR COM A VIDA

Estratégias inusitadas para se levar menos a sério

Frederico Mattos

academia

Copyright © Frederico Mattos, 2025
Copyright © Editora Planeta do Brasil, 2025
Todos os direitos reservados.

Preparação: Fernanda Guerriero Antunes
Revisão: Ana Laura Valerio e Algo Novo Editorial
Projeto gráfico e diagramação: Futura
Capa: Isabella Teixeira
Imagem de capa: Photology1971 / Shutterstock

DADOS INTERNACIONAIS DE CATALOGAÇÃO NA PUBLICAÇÃO (CIP)
ANGÉLICA ILACQUA CRB-8/7057

Mattos, Frederico
  Pare de brigar com a vida : estratégias inusitadas para se levar menos a sério / Frederico Mattos. - São Paulo : Planeta do Brasil, 2025.
  192 p.

ISBN 978-85-422-3323-0

1. Desenvolvimento pessoal I. Título

25-0686   CDD 158.1

Índice para catálogo sistemático:
1. Desenvolvimento pessoal

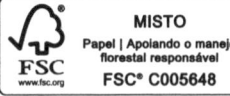

Ao escolher este livro, você está apoiando o manejo responsável das florestas do mundo, e outras fontes controladas

2025
Todos os direitos desta edição reservados à
Editora Planeta do Brasil Ltda.
Rua Bela Cintra, 986 – 4º andar – Consolação
01415-002 – São Paulo-SP
www.planetadelivros.com.br
faleconosco@editoraplaneta.com.br

À vida, que está sempre rindo de nossas certezas.

INTRODUÇÃO Pare de brigar com a vida 11

PARTE 1
AUTOACEITAÇÃO RADICAL

CAPÍTULO 1 – Me encanto por bondade humana 17
CAPÍTULO 2 – Estar certo não vai te curar 20
CAPÍTULO 3 – Entre Paris e o sofá: a vida perfeita é horrível 23
CAPÍTULO 4 – Desmistificando o peso da vida: leões por dentro, gatinhos por fora 26
CAPÍTULO 5 – O roteirista maligno: como parar de escrever tragédias pessoais 29
CAPÍTULO 6 – Correndo com idosos: a verdade por trás dos nossos argumentos 31
CAPÍTULO 7 – Esperando o momento ideal? Spoiler: ele não existe 34
CAPÍTULO 8 – Quando desistir é vencer 37
CAPÍTULO 9 – O desafio de abrir a porta para ser amado 40
CAPÍTULO 10 – Escolha as suas batalhas 42
CAPÍTULO 11 – Fazendo as pazes com o passado 44
CAPÍTULO 12 – Resgate as maravilhas escondidas no armário 47
CAPÍTULO 13 – É preciso perdoar a si mesmo 50

PARTE 2
RELACIONAMENTOS AUTÊNTICOS

CAPÍTULO 14 – Dançando com a incerteza 55
CAPÍTULO 15 – Irracionalidade delirante: o esporte preferido da humanidade 58

CAPÍTULO 16 – Viva livre: solte as pessoas 61
CAPÍTULO 17 – Entre ajudar e invadir: ninguém precisa ser salvo 63
CAPÍTULO 18 – Síndrome do evolucionismo: adaptados, mas não melhorados 65
CAPÍTULO 19 – Um mundo, muitos messias: navegando na espiritualidade plural 68
CAPÍTULO 20 – Mudanças e karaokês: deixe as pessoas serem quem são 70
CAPÍTULO 21 – Fugindo da sombra: quando evitar sofrimento dói mais 73
CAPÍTULO 22 – Solte as pessoas 75
CAPÍTULO 23 – O amor e seus paradoxos: maltratamos quem amamos 78
CAPÍTULO 24 – Criando sonhadores, não cópias: a arte de ser pai e mãe 80
CAPÍTULO 25 – Na bolsa de valores do coração pare de nivelar por baixo 83

PARTE 3
A VULNERABILIDADE COMO FORÇA

CAPÍTULO 26 – Vulnerabilidade sem drama: como abraçar a imperfeição 89
CAPÍTULO 27 – Ser incoerente pode revolucionar a sua vida 91
CAPÍTULO 28 – Por que não ganhamos um Nobel pela vida adulta? 94
CAPÍTULO 29 – Deixe a dor atravessar você 97
CAPÍTULO 30 – Esquecemos como brincar 100
CAPÍTULO 31 – Os cachorros sempre morrem felizes 103
CAPÍTULO 32 – Ninguém se mete com os idosos 106
CAPÍTULO 33 – Cuidado com o apocalipse 109
CAPÍTULO 34 – Relaxar sem culpa: bem-estar no meio do caos 111
CAPÍTULO 35 – Abandone a felicidade 113

PARTE 4
EMPATIA TOTAL: ABRAÇANDO A DIVERSIDADE

CAPÍTULO 36 – Salvando o mundo à sua maneira: um guia não autoritário 119
CAPÍTULO 37 – O ódio cria um cativeiro com a pessoa odiada 122

CAPÍTULO 38 – A falha da universalização dos conselhos:
não existe um jeito único de viver 124
CAPÍTULO 39 – A arte de não saber: nem sempre é o
que parece 127
CAPÍTULO 40 – Não recorte as pessoas para caberem no
seu mundo 130
CAPÍTULO 41 – Turismo emocional: não se prenda em você 133
CAPÍTULO 42 – Não existe festa ruim 135
CAPÍTULO 43 – Ódios de estimação: o inimigo mora ao lado 138
CAPÍTULO 44 – Convivendo com vilões da vida real:
reflexão sobre pessoas incorrigíveis 141
CAPÍTULO 45 – Dá para desligar o mundo? 144
CAPÍTULO 46 – Mais amor, menos doutrinação:
pare de convencer os outros 146
CAPÍTULO 47 – Eu sei o que é melhor para os outros:
ajuda ou presunção? 149
CAPÍTULO 48 – Seus pais são toscos e tudo bem 152

PARTE 5
A REVOLUÇÃO DO ABRAÇO

CAPÍTULO 49 – A subversão da alegria: como sorrir
muda o mundo 157
CAPÍTULO 50 – Você não é especial 160
CAPÍTULO 51 – O mundo não me deve nada 163
CAPÍTULO 52 – Você é caça-treta? 166
CAPÍTULO 53 – O ringue dos dedos nervosos: briga de
internet é uma delícia 168
CAPÍTULO 54 – Minha saúde é mais importante que a briga 170
CAPÍTULO 55 – A paz como movimento 173
CAPÍTULO 56 – O prazer vai salvar você 176
CAPÍTULO 57 – As decisões importantes nunca são satisfatórias ... 178
CAPÍTULO 58 – Sua mãe tem tesão 180
CAPÍTULO 59 – Nada vai atrapalhar 182
CAPÍTULO 60 – Pode brigar! 184

AGRADECIMENTOS 187

INTRODUÇÃO

Pare de brigar com a vida

A vida não é fácil, e isso é algo que tanto você quanto eu sabemos bem. Para alguns, em particular, ela pode ser dura – e talvez seja o seu caso. Além disso, há um fator complicador: há momentos em que nossas ações tornam as coisas ainda piores. Pequenas atitudes, a maneira como encaramos os eventos e como interagimos com os outros podem intensificar nossas dificuldades, tornando um cenário já desafiador em algo insuportavelmente quente e infernal.

Neste livro, quero compartilhar algumas perspectivas problemáticas que observei ao longo de vinte anos de trabalho em consultório, atendendo adultos, adolescentes e casais em crise. Acredito firmemente na transformação pessoal por meio de ajustes sutis no nosso curso – mudanças que não sejam exaustivas, quase indolentes, mas que tenham um impacto significativo a longo prazo. Quem vai agradecer não é a sua versão de amanhã, mas, sim, a do próximo mês – aquela que será sua para o resto da vida.

Diante dos problemas inevitáveis da nossa trajetória, temos duas opções simples: ou piorar cada momento, transformando-os em tormentos sem fim, ou lidar com essa realidade e conviver ao lado dela de maneira inteligente e eficiente.

Sim, é possível enfrentar o sofrimento com serenidade, a ponto de fazer uma adversidade se tornar algo positivo. Podemos levar uma vida boa, dependendo de como lidamos com ela.

Já quero deixar claro, logo de início, quais são as principais ervas daninhas que impedem que tenhamos uma vida boa, sobre as quais vou falar ao longo dos próximos capítulos. Elas são as seguintes:

- a ideia de que podemos controlar os eventos como nós os idealizamos;
- a noção de vida perfeita, ajustada, quase sem grandes granulações;
- o conceito de justiça como se fosse algo que deveria existir, e não como uma trajetória a ser construída de forma estratégica;
- o preciosismo com os nossos desejos e opiniões, como verdades aplicáveis a qualquer contexto;
- um julgamento pesado sobre tudo o que não seja a nossa visão de mundo;
- a rigidez decorrente desse peso e que nos leva à perda de abertura e à curiosidade genuína com o outro, além da culpa com as nossas inconsistências;
- a negatividade por princípio em tudo o que se refira ao humano.

Não quero, aqui, estimular nenhum tipo de passividade ou aceitação ingênua dos problemas, muito menos sugerir uma espécie de maquiagem existencial, como se fosse possível fingir que as adversidades não são tão graves. Não é isso. Meu objetivo é encorajar você a parar de brigar com a vida e de gastar energia de modo ineficiente. Pretendo que o leitor tenha energia de sobra para buscar aquilo em que acredita sem se esforçar à toa para isso.

Afinal, há coisas que podemos mudar, outras que conseguimos tolerar e muitas que, em vez de piorar, temos o poder de melhorar significativamente.

PARTE 1

AUTOACEITAÇÃO RADICAL

CAPÍTULO 1

Me encanto por bondade humana

Este livro propõe uma aposta ousada sobre a natureza humana. Como? Vejamos.

Faça um exercício mental comigo: você já foi a um parque infantil qualquer e reparou como as crianças brincam? Elas mal sabem o nome umas das outras, mas se conectam pela disposição em interagir.

Depois dos 7 anos, vai acontecendo uma metamorfose estranha nelas (e em nós), como se os gostos pessoais começassem a se tornar importantes. A necessidade de criar bandos que se identificam superficialmente por azul, verde ou lilás ganha peso. Com isso, elas passam a criar territórios nos quais só entram quem tiver gostos pessoais semelhantes. As preferências estéticas, esportivas, musicais se tornam barreiras para aumentar ou diminuir a conexão; depois, iniciam-se os eixos temáticos de visão de mundo, cultura, política, religião, e assim vai.

Por volta dos 30 anos, vivemos numa trincheira, reforçando aquilo que nós mesmos somos. Os diferentes viram ameaças à integridade pessoal e o medo torna-se um tipo de obstáculo à bondade original, com a qual nos conectávamos uns com os outros enquanto crianças.

O inimigo do amor não é o ódio, mas o medo, pois ele cria a ilusão de ameaça que se consolidará em inimizade. Quanto mais medo, maior o potencial de oposicionismo.

Quando não deixamos o medo guiar as nossas ações, a tentativa de controlar quem está ao nosso redor diminui, assim como o desejo de definir o que é bom para a vida alheia. Parece que fluímos mais na direção de brincar, como quando crianças.

A bondade humana que defendo como premissa para se relacionar com os demais não tem somente a ver com moralidade; ela está guiada pela necessidade de um florescimento humano. O problema é que costumamos fazer uma associação equivocada entre bondade e comportamento moral. E a moralidade está sempre um passo atrás da realidade, pois a vida se reproduz de maneiras muito diversificadas, antes de as convenções conseguirem abraçá-las.

Se alguém está se afogando num lago cuja entrada não é permitida, o que é mais importante: respeitar a proibição ou salvar a pessoa? A regra é sempre um guia estimado para o comportamento, porém é na realidade que exercitaremos a capacidade de raciocínio bondoso.

E bondade não é atender aos desejos, mas fazer o que é importante. Quando a minha filha pequena pedia a faca para brincar, eu negava gentilmente, mesmo sabendo da frustração que ela teria de gerenciar. Agir com bondade é um ato de olhar para as coisas como elas são, e não apenas reagir ao que os outros nos pedem.

O comportamento moral mais sofisticado, portanto, exige atenção ao que ocorre enquanto essa coisa acontece, antes de recorrer aos códigos de conduta. A pessoa que coloca a moral à frente da realidade opera como a criança que acabou de aprender as regras de um jogo e luta rigidamente para que elas sejam cumpridas.

Na bondade humana genuína, o contexto importa, a situação é vista na sua complexidade e as variáveis devem ser levadas em consideração de forma cuidadosa.

Parar de brigar com a vida tem a ver com olhar as coisas como elas são, e não como imaginamos que deveriam ser. É sair da cabeça e recorrer ao coração. É voltar a ser criança – não no sentido ingênuo, mas com a sabedoria dos anos de experiências vividas.

Quando olhamos a vida com as regras que carregamos, ela fica pesada, rígida e sem brilho. Ao nos abrirmos, porém, podemos dançar com as circunstâncias.

CAPÍTULO 2

Estar certo não vai te curar

Quando me separei da mãe da minha filha, passamos quase um ano até o dia em que saí de casa fazendo arranjos, acordos, tentativas e buscas legítimas para manter o relacionamento. No entanto, nem tudo são flores nesse processo, e, por mais respeitoso que tudo parecesse, havia momentos em que ambos acreditavam estar corretos nos pontos discutidos. Fui me dando conta de que estar certo não era o suficiente para resolver um problema.

Quem se leva muito a sério orgulha-se de ser justo, tratando as coisas como se fosse ajustar uma balança imaginária de forma igualitária. Na prática, porém, o que pode parecer um ajuste assertivo ainda machuca os outros, e é preciso avaliar caso a caso se o que é correto vai realmente resolver alguma coisa.

Estarmos certos não vai nos curar a todo momento. Na falta de sabedoria cotidiana, insistimos no que é correto, mas nem sempre permitimos que a melhor versão dos envolvidos desabroche. O que parece certo do ponto de vista da legalidade não acalma o coração a todo instante.

Estudos sobre justiça restaurativa, uma forma alternativa de resolução de conflitos que busca dar maior protagonismo às partes envolvidas, perceberam que a condenação de um criminoso costuma não satisfazer quem perdeu um ente querido, mesmo que uma vida tenha sido paga com outra. Se o correto fosse levado ao pé da letra, seria uma vida pela outra. Nesses casos, o que se perde é parte de um castelo de cartas complexo, pois quem teve um familiar vitimado não desejava nem o luto em sua vida, nem carregar a morte ou prisão de outra pessoa.

Atendi um caso de um homem que, ao defender sua filha pequena, tirou a vida de outro homem – o que não feria suas convicções políticas, morais ou filosóficas. Ao contar a história, contudo, ele demorou a perceber que o custo daquela vida não tinha compensado ter a filha viva. Algo se modificou dentro dele. E não que quisesse ter feito diferente, pois, segundo o seu relato, teria feito igual quantas vezes fossem necessárias. No entanto, mesmo assim, ele não estava bem.

A vida que ele tirou ainda seguia pesando, mesmo que em legítima defesa. Aquele homem havia se tornado outra pessoa aos próprios olhos, assim como aos de sua família. Parecia que tinha mais direito que os demais, tendo em vista o seu ato heroico. Sua filha cresceu com um senso de dívida impagável e a relação deles era muito ruim. O casamento com a esposa não se sustentou diante de seu temperamento, que ficou ainda mais intratável. Sua busca na terapia era por um tipo de redenção que aquela morte não ofereceu. Não era culpa deles, porém isso não bastava: ele sentia que seu emocional estava despedaçado.

O que nos cura e liberta emocionalmente acontece quando nos elevamos sem diminuir os outros. É mais do que ganhar ou perder; é estar disposto a perder de modo que torne todos mais humanos. Quando saímos de um conflito com razão, nosso senso de humanidade pode diminuir, mesmo estando certos.

E não, não é um senso de sacrifício tolo, um mero deixar estar, mas uma ação que nos implique de verdade; que seja de uma perda de que participamos como adultos. Quando pensamos em partes que ganham-ganham, perdem-ganham, no fundo esquecemos que estamos sempre conectados numa grande teia da vida na qual tudo o que fazemos nos reverbera mais amplamente. Quando alguém perde enquanto você ganha, todos perdem, mesmo que não seja algo quantificável num primeiro momento.

CAPÍTULO 3

Entre Paris e o sofá: a vida perfeita é horrível

Ao navegar pelas redes sociais, é comum sentir desânimo ao ver registros de pessoas em viagens inacessíveis, vivendo vidas que parecem fora do alcance de grande parte (senão a maioria) das pessoas. E, de certa forma, isso é verdade. No entanto, permita-me compartilhar um segredo adquirido ao longo da minha experiência ao ouvir dilemas de indivíduos que alcançaram dinheiro e fama.

O dinheiro é um meio muito poderoso para emancipação pessoal, sentimento de prazer e autonomia para escolher melhor as condições de vida. No entanto, infelizmente ele não produz saciedade emocional, e a falta desta pode ser um pesadelo quando alguém consegue dar a si mesmo todo tipo de presente.

"Sofrer em Paris é melhor, não é?" Claro que estar na Cidade Luz é incrível e nos deixaria com a sensação de que lá nenhuma angústia teria sentido, mas, depois que já se tem uma situação financeira confortável, é provável que venha a "obrigação" pela felicidade. As fotos de ricos e famosos não transmitem isso?

Sim, mas o cenário não revela o estado emocional de ninguém. Em muitas sessões de terapia, depois de festas maravilhosas, já ouvi relatos de situações de caos, ciúmes, conflitos e insatisfação. Ninguém está imune às inseguranças e aos dilemas humanos; seria ótimo que o dinheiro blindasse os nossos sentimentos, porém, isso não acontece.

A felicidade verdadeira emerge da capacidade de se sentir satisfeito e grato pela vida quando ela desabrocha em nós, numa diversidade de cenários, encontrando bem-estar emocional naquilo que é possível, não na imagem de uma perfeição inatingível. De novo, parece que estou tentando fingir que não existem problemas, mas é um tipo de olhar sofisticado sobre os acontecimentos que substitui a obsessão atual de uma vida que parece perfeita em favor de uma vida realista, pé no chão e recheada de dias bons – e também ruins.

Não é necessário esperar que venha a luz do sol para sorrir. Se assim o fosse, os habitantes dos países nórdicos só seriam felizes durante os breves meses de verão. A felicidade está na nossa habilidade de deixar para trás concepções artificiais e específicas, em favor da aceitação da vida que estamos vivendo no momento. E há estratégias para facilitar esse processo.

Não precisamos esperar um futuro glorioso, pendurados na esperança de que dinheiro, amor, o emprego dos sonhos e a viagem perfeita cheguem para nos completar. A idealização da família perfeita em um comercial de margarina é pouco convincente.

Curiosamente, muitos de nós vivemos em busca do momento perfeito para uma foto, procurando projetar um status que, ao contrário, pode tornar nossa realidade pior. Quantas pessoas se desgastam, negligenciam seus relacionamentos ou perdem um ótimo emprego por perseguirem um estilo de vida além de suas possibilidades? Muitos sacrificam uma velhice confortável em nome de viver excessos, tentando projetar mais poder do que de fato têm.

A busca da vida perfeita é o veneno que contamina a nossa felicidade, distorcendo nossos desejos e impedindo-nos de valorizar a beleza de um dia comum como algo precioso. Ao final, o que traz a sensação de realização são as relações que construímos e os momentos aparentemente insignificantes, aqueles em que sofremos por não "alcançar a perfeição".

CAPÍTULO 4

Desmistificando o peso da vida: leões por dentro, gatinhos por fora

Meu guerreirinho, minha guerreirinha, eu sei, o dia já começa pesado, atrasado, ensonado, com o pé esquerdo, e logo vem uma má notícia pelo celular. Sim, você enfrenta um leão por dia. Mas por que seu colega de trabalho, que parece ter uma vida ainda mais complicada que a sua, não dá a impressão de estar nessa mesma batalha diária?

Parece que tudo é mais difícil para você. E por quê? Parte do problema está do lado de fora, porém outra parte vem de dentro. Imagine um acidente de ônibus, após o qual cada sobrevivente reage de forma diferente ao longo do tempo: alguns se mantêm presos ao evento, enquanto outros vão superando o trauma de maneira gradual. Se uma situação fosse intrinsecamente problemática, todos reagiriam do mesmo modo, contudo há algo individual que cria diferenças significativas.

O que faz uma pessoa ser mais resistente ao sofrimento do que outra? Seria um otimismo boboca que a permite ver as coisas com bons olhos, enquanto as outras são reclamonas e problemáticas por natureza? Claro que não.

Não há um único fator que determine como reagimos ao sofrimento. É uma mistura de elementos que promovem uma visão mais ou menos resiliente.

O que afeta a recuperação dos sobreviventes é o modo como estão acostumados a interpretar suas experiências. Se alguém tende a ser crítico, rígido, inflexível e implacável, ou sempre vê o pior nas situações, tem probabilidade de enxergar uma tragédia absoluta e irrecuperável.

O ponto é que, sem nos darmos conta, fomos influenciados desde a infância – por quem esteve ao nosso redor – a ver o mundo de determinada maneira. Para a maioria de nós, não houve escolha consciente sobre como gostaríamos de ser; fomos moldados. Bem, parcialmente moldados, pois agora você começa colocando um ponto de interrogação nessa certeza.

Será que você enfrenta um leão por dia, ou está apenas acostumado a ver um leão, mesmo quando é só um gatinho? O mundo é mesmo pesado, ou você tem uma sensibilidade exacerbada que faz até as dificuldades comuns serem percebidas como insuperáveis?

Já sabemos que nem todos partem do mesmo ponto. Homens e mulheres, negros e brancos, ricos e pobres vêm de lugares diferentes, e há séculos de desigualdades que influenciam cada um deles. Alguns podem resistir a essa realidade, mas é fato que há aqueles que enfrentam mais obstáculos do que outros para alcançar os mesmos objetivos.

Quando estamos com um dilema à frente, decerto existem muitas portas fechadas, mas algumas estão apenas encostadas, e é nelas que precisamos concentrar nossos esforços. Como, então, podemos usar a consciência deste exato momento para inclinar as probabilidades a nosso favor, mesmo que um grau à esquerda?

Para uma pessoa que enfrenta dificuldades terríveis, talvez seja tentador ver cada dia como uma guerra – e até mesmo os aliados podem parecer inimigos. No entanto, como poderíamos inclinar levemente a cabeça num caminho de reconciliação com os acontecimentos e as pessoas? Será que podemos transformar os inimigos em aliados, ou a luta em uma espécie de peregrinação pessoal?

CAPÍTULO 5

O roteirista maligno: como parar de escrever tragédias pessoais

Quantas vezes você já se assustou com fogos de artifício, pensando se tratar de um tiroteio? Temos uma inclinação curiosa para imaginar desastres, mas parece que ninguém nos avisou que nossa criatividade tem um talento especial para criar *fake news* emocionais.

Você acorda no meio da noite – e com o coração acelerado –, depois de um pesadelo, e logo se lembra daquela suspeita de diabetes cogitada por você semana passada, só porque estava indo muito ao banheiro. Bomba! *Talvez seja um prenúncio macabro de morte.* E isso é o suficiente para estragar o resto da noite gostosa de sono.

Quando seu chefe diz que precisa conversar no fim do expediente e você tem percebido que ele anda meio distante e irritado, de imediato brota em sua mente um relatório imaginário de sua performance. E ela é ruim; decisiva para uma demissão, talvez. Agora você não consegue nem almoçar, tamanha é sua angústia.

Lembra quando sua amiga lhe chamou para sair e naquele dia você só tinha vontade de não existir? Em vez de admitir que não se sentia bem, você inventou que estava doente. Até que, num jantar, ela perguntou na frente do seu parceiro se você melhorou, e nem você ou o amado se recordavam da mentira. Resultado: você passou o resto da noite se torturando por ser negligente e mentirosa. Talvez a sua amiga tenha concordado com isso por um tempo e, depois, a imagem tenha se desfeito.

Olhando de fora, nos sentimos absolutamente tolos, mas ali, no meio da madrugada, a cama vira um hospital, o escritório parece uma cova e o jantar, um tribunal da inquisição. Qualquer resistência que façamos parece inútil para dissipar essa nuvem tenebrosa que paira no imaginário.

Minha mãe sempre foi medrosa, algo que só fui perceber bem adulto, durante minha terapia. Notei que muitos dos meus medos eram alimentados por um ambiente familiar cheio de preocupações desnecessárias. Como pai, eu preciso me conter muitas vezes para não transformar uma tarde de outono num campo de guerra entre vírus e glóbulos brancos que vão matar minha filha de bronquiolite asmática.

Sei que a maioria das minhas fantasias sombrias nunca se concretizou – diria que 99% delas jamais passaram da fase de devaneio. No entanto, elas me roubaram a paz de espírito, me fizeram adotar precauções excessivas e me privaram de uma vida mais vibrante. Assumi o pacote dos meus pais sem passar por nenhuma alfândega psicológica. Mesmo na adolescência, quando pensei ter rejeitado todas as ideias deles, dei por mim que carregava comigo hábitos emocionais desnecessários.

O leão que você acredita estar enfrentando todos os dias pode ser apenas um gatinho dorminhoco, criando uma jornada heroica em torno de si. Acreditar que as grandes batalhas diárias garantem algum prêmio ou justificam pequenas compensações morais é um engano.

Acredite em mim: esse pacote de compensações depois de um momento difícil que só existiu na sua imaginação não vale o preço de alimentar esse roteirista maligno da sua mente.

CAPÍTULO 6

Correndo com idosos: a verdade por trás dos nossos argumentos

Tem gente que aposta corrida imaginária até com idosos na calçada, na tentativa de chegar mais rápido ao destino. É um hábito que parece inofensivo, eu sei, mas ele guarda raízes em uma atitude comum que corrói quase todas as nossas chances de viver em paz com os outros.

Você acredita que ama conversar com as pessoas e até pensa que age como o filósofo Sócrates, abrindo espaço para as ideias emergirem do diálogo e do debate amplo. Talvez aprecie a democracia, mas acha tudo muito devagar no que se refere a políticas públicas. A verdade é que, mesmo nas conversas mais despretensiosas, estamos competindo com o velhinho na calçada.

O sentimento de parecer tosco, errado, burro ou ingênuo corrói mais a nossa autoestima do que pensamos. E, quando um dos nossos brilhantes argumentos não resiste à primeira réplica, a nossa mente reage como quem não sabe nadar e pensa estar se afogando na beira do mar. Por trás de nossa tentativa elegante e falsamente amigável de fazer uma tréplica civilizada, submergem ideias falsas com um tom de voz intimidador recheado de ironia e ataque pessoal. A coitada da "senhora" com quem conversamos não entende de que buraco saiu a nossa reação desproporcional.

Essa cena prenuncia como nossas conversas podem descambar por um simples desejo de vitória, mesmo em tópicos inofensivos. O que vai mudar na sua vida se a pessoa prefere um estilo musical de natureza duvidosa? De repente, virou um crítico musical profissional?

Os caminhos pelos quais os nossos gostos pessoais se formaram são tão aleatórios e circunstanciais que teríamos vergonha de defender qualquer escolha nossa se entendêssemos a origem incompreensível.

Eu sou fascinado por doces vagabundos e carregados de bombas químicas. Mesmo não os consumindo mais, não sinto culpa por ficar hipnotizado por corantes que nos fazem infartar só de olhar para eles. Jamais defenderia qualquer coisa dessa natureza só porque ainda toca o meu paladar infantil. Não tenho dúvida de que aquilo representa a fatia de uma época perdida que só habita o meu coração por força das circunstâncias de onde nasci e da situação financeira precária dos anos 1990.

No entanto, defendemos essas trivialidades como se fossem carne da nossa carne. Se você tivesse nascido na Groenlândia, estaria defendendo o delicioso sabor da sopa de pele de baleia, um prato comum por lá, mas aqui você discute se o arroz deve ficar por cima ou por baixo do feijão.

As nossas opiniões são como pele de baleia, com uma origem infantilmente arquitetada, mostrando que não estamos de fato lutando por algo grandioso, mas pelo direito de vencer na narrativa. Perdemos dias debatendo ideias e questões que, ao final, não nos levam a lugar algum.

Isso não quer dizer que você não deva praticar o esporte opinativo ou lutar de forma profissional por coisas que sejam importantes para o mundo, mas não se leve tão a sério como costuma fazer. Essa postura lúdica, de quem sabe debater sem se deixar tomar pelas próprias ideias, realmente te habilita para o diálogo.

Assim, em vez de apostar corrida, você estará aberto a ouvir o mundo do outro com serenidade e disposição para aprender com as experiências das pessoas, mesmo que soem muito contrárias aos seus princípios.

CAPÍTULO 7

Esperando o momento ideal? Spoiler: ele não existe

Por trinta e seis anos, eu me considerei sem competência de aprender inglês, pois me sentia burro. Qualquer texto com as letras *w*, *y* e *h*, ou uma combinação delas, me causava vertigem. E, claro, qualquer outro idioma soava impraticável, transformando-me num iletrado universal, incapaz de absorver outros idiomas.

O mero contato com uma língua estrangeira me bloqueava não só cognitiva, mas também emocionalmente. Ficava desidratado ao ouvir alguém usar um termo gringo, ou mesmo em viagens internacionais. Eu não tinha onde cair morto até começar a trabalhar, minha educação foi limitada devido às dificuldades financeiras da minha família, e só pude ingressar na universidade graças a uma bolsa de estudos depois da morte do meu pai. Isso afetou profundamente minha relação com o aprendizado de idiomas, a ponto de desenvolver certo desprezo por eles.

Uma paciente compartilhou comigo sua frustração e a revelação de que "se esperarmos o momento ideal, nunca começaremos". Embora eu desse esse conselho com frequência, negligenciava aplicá-lo ao aprendizado do inglês. Decidi, então, me matricular em um curso intensivão e até fiz um intercâmbio, que foi interrompido pela gravidez da minha, à época, esposa. A proficiência na língua foi para o brejo, mas pelo menos saí dessa experiência sem a convicção de que eu era burro.

Não há momento ideal, e essa é a verdade amarga da vida. Estaremos sempre em dívida com o tempo, e a concorrência pela nossa atenção só vai aumentando. Neste exato momento, você está lendo o livro enquanto mexe no celular, navegando por essa rede social que está dominando os seus desejos e competindo com todas as outras promessas que tem feito há anos.

Viajar pelo mundo, largar o emprego insuportável, se separar dessa pessoa que morreu em vida, ter um estilo de vida saudável, dormir oito horas por dia, aprender a tocar um instrumento musical, ter um negócio próprio, fazer atividade física, ler mais livros; enfim, a lista é imensa. Agora que refresquei a sua memória sobre as suas pendências, você largou o celular e fez cara de comprometimento. Já está lendo um livro, e isso é bom. No resto, porém, é provável que esteja capengando miseravelmente.

E o que isso tem a ver com fazer as pazes com a vida? Significa ser fiel a desejos mais profundos, em vez de se perder na vida alheia ou em vídeos aleatórios. Enquanto a vida dos outros está acontecendo, a sua está parada.

O que essas pessoas estão fazendo de diferente? Estão arrancando as próprias tripas para cavar tempo no mar de possibilidades aleatórias que quicam na frente delas. Elas falham terrivelmente também, mas, na média, colocam mais empenho naquilo que vai fazer o senso de dignidade brilhar no fim do mês. Não há nada de mágico em um *influencer* de qualquer espécie que ficou famoso por fazer muito bem escultura de gelo ou algodão-doce: ele faz determinada coisa com obsessão.

Por que, então, você e eu estamos esperando o momento ideal? Para mim, foi humilhante começar algo depois que pensei já ter habilidades mínimas para fazer outras tantas coisas. Aprender um talento novo requer humildade para lidar com uma curva de aprendizagem exaustiva e às vezes desesperançosa que não temos paciência de tolerar.

O nosso desejo secreto de estar no topo de maneira rápida e sem esforço é o que nos leva a nunca ser, nem medianamente, bom em nada.

CAPÍTULO 8

Quando desistir é vencer

De modo superficial, brigar com a vida pode até parecer que você se importa profundamente com tudo o que acontece no cotidiano, valorizando cada detalhe a ponto de não ignorar nenhum problema. Se o ônibus atrasa, você reclama. Se o hotel reservado para as férias não é como o esperado, você discute. Se recebe um atendimento ruim, você pensa em processar.

À primeira vista, pode parecer que você tem um senso aguçado de justiça e não abre mão dos seus direitos facilmente. No entanto, e se isso custar as suas férias ou o seu tempo? Esse tipo de "vitória" pode ser enganoso. Mesmo que você sinta que está cumprindo seu dever, essa postura beligerante alimenta uma postura problemática. Os fofoqueiros podem te chamar de "pessoa difícil" pelas costas, enquanto frente a frente sorriem, evitando conflitos. Se alguém te deu este livro, pode ser um sinal sutil de preocupação com as muitas brigas que você acumula com tudo e todos.

Sei que a sua identidade secreta é do Batman, o justiceiro sombrio que não deixará nenhum fraco e oprimido para trás, mas a realidade é que isso te consome mais do que o próprio Cavaleiro das Trevas. O custo emocional de estar sempre com a caneta levantada para assinar um processo ou uma queixa, ou mesmo para bradar justiça, é muito maior do que o benefício de entrar em todos os conflitos.

Isso não significa que você deixará de lutar por justiça. Talvez você ainda não tenha percebido que nem todo contratempo precisa se tornar uma guerra. Para levar uma vida mais leve, disponha-se a perder algumas lutas, e eu garanto: mesmo assim, você ainda será um paladino da justiça. É que talvez não tenha notado que qualquer entrave é uma chance de levantar uma muralha e seguir batalhando. Ainda que deixe alguns "pratos caírem", você permanece sendo alguém que quer o melhor, sem que qualquer problema dispare o alarme da reivindicação.

E, falemos a verdade, perder é horrível. Aquele sentimento amargo de impotência misturado com indignação pode ser paralisante. O modo guerreirinho de viver traz a sensação de proatividade, como se ninguém te passasse para trás, ao mesmo tempo que aciona um sistema de hipervigilância.

Repare um pouco na sua observação seletiva. Aos seus olhos, é provável que existam tantos problemas disponíveis que o mundo se torna um beco cheio de perigos. É possível que sim, mas existe uma infinidade de outras coisas acontecendo que poderiam equilibrar essa balança. O mundo também pode ser um lugar bom.

Essa ideia pode soar ultrajante para a sua inteligência, afinal os noticiários estão jorrando sangue de tantas desgraças. No entanto, se a maldade fosse tão óbvia e corriqueira, nós não nos assustaríamos tanto. Ela ainda é fato raro e nos choca. Para cada tragédia, há outras tantas situações em que as pessoas estão vivendo amorosamente e cuidando daqueles que amam.

Os pequenos suportes que damos e oferecemos, porém, numa cadeia solidária e invisível, escapam aos nossos olhos – em especial, se tivermos uma inclinação para ser alguém caça-

-treta. Existem coisas terríveis, sim, mas não em maior quantidade que as boas.

Isso quer dizer que você precisa virar uma barata morta? Óbvio que não, porém não é criando o caos para cada impasse que você vai colocar o mundo de pé. Você perceberá uma pequena abstinência quando diminuir o ritmo, mas com o tempo notará o benefício acumulativo de olhar o mundo também com olhos de amor.

CAPÍTULO 9

O desafio de abrir a porta para ser amado

Perguntar se uma pessoa quer ser amada é o mesmo que lhe oferecer um milhão de reais. Qualquer um vai dizer que quer, mas, aparentemente, há muito mais gente amando (ou querendo amar) do que sendo amada.

Sabe o trecho do poema de Drummond que diz: "João amava Teresa que amava Raimundo/ que amava Maria que amava Joaquim que amava Lili/ que não amava ninguém"?[1] Para a nossa reflexão, interessa mais o João do que a Lili. Ele é o único que amava e não era amado; todos os demais eram amados por alguém. Nós passamos mais tempo ocupados como João do que como Lili.

Lili era amada. Não importa se não era recíproca ao Joaquim, ela era amada. Talvez não tivesse tempo, condições ou até vitalidade para amar, porém era amada. João é o caso mais pungente dali, pois provavelmente passou a poesia inteira fazendo coisas por Teresa sem nem sequer experimentar uma sombra de amor para descansar.

Amar é fácil. Pense comigo: o peito explode, as mãos se ocupam, a imaginação corre solta, a criatividade elabora os melhores

---

[1] ANDRADE, Carlos Drummond de. Quadrilha. In: *Poesia completa*. Rio de Janeiro: Nova Aguilar, 2006. p. 26.

afagos e o corpo sabe onde percorrer o outro. Nem sempre temos de volta, mas, para quem ama sem ser amado, basta que a outra pessoa ofereça a superfície de sua existência. O resto é conosco.

No entanto, ser amado é complexo. É preciso abrir a porta; apostar que vem; torcer para que não chova; tolerar que alguém entre e saia, sem garantia de retorno. Um risco só. Ainda, com o outro tendo a posse da chave do cofre do nosso coração nas mãos, permanecemos desnudos, vulneráveis, padecendo da amarga ameaça do nosso desamparo. É um show de calouros no qual nunca cessamos de improvisar para cair no gosto.

Ser amado de verdade é para poucos. Toleramos essa passividade na infância porque dependemos disso para viver, sem notar o peso da ameaça, confiando que esses cuidados seguirão sem interrupção. Na vida adulta, contudo, a possibilidade de ficar tão exposto pode ser insuportável para muitos.

Pessoas controladoras, que se levam a sério, vão preferir amar a serem amadas, apenas para garantir que a narrativa opere em suas mãos. É preferível a ausência de reciprocidade à ameaça de ficar refém nas mãos do outro e o amor daquele que ama ser suspenso a qualquer momento.

No entanto, o pesadelo de quem quer o controle das experiências é ainda mais paralisante, pois ser amado, como já disse, o deixará exposto e vulnerável. Ao ser amado, você vai lentamente esperar expressões de amor, acolhimento, admiração e afeto, e isso pode ser angustiante.

Por esse motivo, muitos passam a vida inteira dizendo que querem ser amados, mas congelam se alguém os ama; sentem como se o outro fosse inferior. E, quando encontram alguém indisponível, ativam o modo "buscador de amor", tentando a todo custo a reciprocidade.

Ser amado é uma experiência mais difícil do que se imagina...

CAPÍTULO 10

Escolha as suas batalhas

Na tapeçaria complexa da vida, cada fio representa uma escolha, uma decisão, uma batalha em potencial. "Escolha suas batalhas" não é apenas uma expressão, é uma filosofia de vida que encoraja a discernir entre o que merece nossa energia e o que deve ser deixado de lado. Do ponto de vista psicológico, essa é uma habilidade crucial para manter o bem-estar emocional e a paz de espírito.

Imagine-se no trabalho, por exemplo. Você poderia gastar suas energias discutindo a cor da capa de um relatório ou assegurando a precisão dos dados que ele contém. Enquanto a cor pode ser uma questão de preferência pessoal, a integridade dos dados tem um impacto real na credibilidade do trabalho. Optar por concentrar-se na substância em vez da forma é uma maneira de escolher a batalha que realmente importa.

Na vida familiar, essa escolha se torna ainda mais evidente. Os pais podem se sentir tentados a entrar em confronto com seus filhos adolescentes pela escolha das roupas ou do gosto musical deles. No entanto, em vez de insistir em pequenas questões de gosto pessoal, é melhor focar as "grandes" batalhas – questões como saúde, educação e valores morais. Permitir que os jovens expressem sua individualidade por intermédio da moda pode abrir portas para um diálogo mais significativo acerca das escolhas de vida mais importantes.

A vida social também oferece um palco para essa seletividade. Pense nas vezes em que você pode ter se ofendido por um comentário casual em uma rede social. Há uma tentação imediata de responder e defender seu ponto de vista. No entanto, muitas dessas interações são passageiras e insignificantes a longo prazo. Ao ignorar essas pequenas provocações, você preserva sua energia para relações e discussões que o enriquecem verdadeiramente.

Até mesmo no campo da saúde pessoal, "escolher suas batalhas" é relevante. Você pode ficar obcecado por cada caloria consumida ou, então, criar um padrão alimentar balanceado e sustentável. A obsessão pode levar a um ciclo de dieta e culpa, enquanto a escolha consciente por hábitos saudáveis promove um relacionamento positivo com a comida e com o próprio corpo.

Escolher as batalhas certas é fundamental para a saúde mental. Envolver-se em conflitos constantes, em especial sobre assuntos menores, pode causar estresse crônico, que está associado a uma série de problemas de saúde, incluindo doenças cardíacas e depressão. Psicologicamente, ao escolher suas batalhas, você está também definindo suas prioridades, preservando sua energia para as áreas da vida que são importantes e que demandam sua atenção e esforço.

Enquanto navega pela vida, portanto, lembre-se de que não vale a pena morrer por todas as guerras. Avaliar cada potencial batalha através das lentes do impacto a longo prazo, da importância pessoal e do bem-estar emocional é uma arte. Ao fazer isso, você não apenas se torna um estrategista mais sábio, mas também um guardião da própria paz interior.

Então, vá com calma, guerreirinho!

CAPÍTULO 11

Fazendo as pazes com o passado

Ao longo de duas décadas em terapia, lutei com lembranças do meu passado. Aos 8 anos, enfrentei um abuso sexual, e questionava o impacto dele em minha identidade, especialmente por sentir que uma parte infantil de mim buscava cuidados. Decidi, então, reconciliar-me com essa história triste, reconhecendo que o desafio não era apenas o abuso, mas também o estigma precoce que ele me impôs. Eu queria fazer as pazes com o meu passado e lidar com ele tal como aconteceu, sem retoques.

É uma travessia que começa com o reconhecimento da história, com todas as suas imperfeições e reconciliação com os aspectos da nossa vida que não saíram conforme o planejado.

Consideremos, por exemplo, os relacionamentos que não deram certo. Quem nunca viveu um romance que parecia destinado ao sucesso, mas que, por alguma razão, acabou? A dor da separação pode ser aguda, porém, com o tempo, podemos olhar para trás e apreciar tudo o que aconteceu. Aquele amor que não durou nos ensina sobre quem somos e o que valorizamos em um(a) parceiro(a), permitindo-nos entrar em novas relações com mais maturidade.

Talvez você se lembre de uma oportunidade de carreira que escapou por entre os dedos. Seja uma promoção perdida, seja um projeto que fracassou, tais revezes podem inicialmente parecer derrotas esmagadoras. Entretanto, ao analisar esses eventos com uma perspectiva mais ampla, podemos perceber uma forma peculiar de enfrentar o mundo. No final, a confiança vem desse histórico meio desengonçado.

Não é necessário ir muito longe. É fácil nos sentirmos frustrados e desanimados quando recaímos em velhos hábitos. No entanto, fazer as pazes com esses deslizes significa reconhecer que a cada dia podemos recomeçar – e nunca é do zero. Aceitar o passado nos dá clareza para definir metas realistas e a gentileza de perdoar a nós mesmos quando tropeçamos.

E quanto aos sonhos da juventude que parecem ter sido deixados para trás? Talvez você sonhasse em ser artista ou viajar o mundo, mas a vida o levou por outros caminhos mais práticos. Reconciliar-se com essas aspirações não realizadas não significa desistir delas. Pode ser uma questão de redefini-las e integrá-las à sua vida atual de maneiras novas e imaginativas. Apreciar o caminho que percorreu até aqui pode revelar que você viveu experiências valiosas que jamais teria imaginado. Seria possível ser artista com os pés no chão?

Fazer as pazes com o passado é reconhecer que a imperfeição é uma parte intrínseca da condição humana. É entender que se lembrar da própria história e lidar com os próprios erros não é uma prática de autoflagelação, mas um ato de autoamor. E nos reconciliarmos com aquilo que não deu certo abre espaço para entender melhor as engrenagens emocionais que nos moldaram.

Essa reconciliação é um processo contínuo e muitas vezes desafiador, que requer paciência e dedicação.

Eu não gosto muito do sentido que a palavra *perdão* tomou no nosso cotidiano, mas perdoar a nós mesmos é um tipo de presente que nos damos. Significa deixar de lado a bagagem emocional que pesa sobre os ombros e permite que nos movamos com mais liberdade e leveza. Ao fazer as pazes com o passado, não estamos apagando nossa história, mas permitindo que ela seja a base sólida sobre a qual podemos construir um futuro mais completo.

CAPÍTULO 12

Resgate as maravilhas escondidas no armário

Quando eu tinha 15 anos, um amigo me pregou uma peça de mau gosto, dizendo a uma garota que eu mal conhecia que eu estava interessado nela, e vice-versa. Essa maldição afetiva me perturbou por quase todo o Ensino Médio. Nós dois passamos a nos comportar como se isso fosse verdade, com a diferença de que ela não tinha real interesse em mim, mas, por piedade, agia como se tivesse – o que não durou muito.

Em minha carência, passei a moldar-me aos gostos dela, tentando encaixar-me em seu mundo com um esforço desajeitado e ingênuo. Embora não fosse hábil nessa transformação, mudei de maneiras que nunca imaginei conseguir, tentando agradá-la a todo custo.

Chamo esse fenômeno nas relações de "mimetismo reverso", ideia especialmente útil na terapia com adolescentes ou adultos com traços juvenis. De modo inconsciente, espelho os comportamentos deles, suavizando suas defesas, até guiá-los a um estado emocional mais próximo do meu, criando uma ponte de empatia.

Esse método revela-se eficaz com indivíduos reservados, transformando a interação. Ao abordá-los com respeito genuíno, a despeito de suas atitudes, provoco uma mudança surpreendente. Eles passam a me respeitar e agir com a dignidade que lhes ofereço, numa troca de respeito mútuo que transcende as aparências. É preciso dizer que isso não é um jogo: eu de fato respeito pessoas refratárias.

Num relacionamento amoroso de longo prazo, isso também é válido. Nós, ainda que sem perceber, moldamos como vamos ser tratados pelos outros. Por que na fase da paixão as pessoas revelam as suas melhores versões? Falsidade, diriam os desiludidos. Na realidade, refletimos a melhor versão de nós mesmos que a admiração do outro nos permite ser, respondendo à maneira como somos percebidos.

Conforme a convivência desvenda nossos traços mais impulsivos e imaturos, reagimos e nos tornamos aquilo que o outro enxerga em nós. Se alguém nos vê como egoístas, podemos adotar esse papel – não por realmente o sermos, mas porque a percepção do outro influencia nosso comportamento. "Já que acha que sou egoísta, serei o egoísta que você vê", dizemos, refletindo como somos moldados pela visão alheia.

Rosenthal e Jacobson em seu experimento clássico, publicado no livro *Pygmalion in the Classroom* (1968),[2] comprovam: professores que têm uma visão positiva ou negativa de seus alunos influenciam, mesmo sem querer, o desempenho deles. Somos moldados pelas expectativas alheias, revelando o melhor ou o pior de nós conforme o crédito ou descrédito que nos é atribuído, demonstrando como a percepção do outro pode definir nossa atuação.

Este capítulo serve de base para futuras discussões acerca de como muitos conflitos relacionais surgem da falta de incentivo ou reconhecimento. Interessante observar que, em

---

2 ROSENTHAL, Robert; JACOBSON, Lenore. *Pygmalion in the Classroom*. Nova York: Holt, Rinehart and Winston, Inc., 1968.

casos de traição (e nem quero entrar no mérito de caráter), por exemplo, a pessoa amada pode revelar uma versão melhor de si – algo que perdeu por se fixar em percepções negativas. Milagre? Não, pois dependendo do ângulo pelo qual o parceiro ou a parceira olha, ele ou ela vai conseguir tirar versões alternativas que já não estava conseguindo mais evocar.

CAPÍTULO 13

É preciso perdoar a si mesmo

Os erros que cometemos não nos definem.

Com frequência, o passado pesa sobre nós, influenciando nossa autoimagem e nossas interações. Essa rigorosa autocrítica pode ser debilitante. Vivenciamos um ciclo contínuo de julgamento próprio, atuando como acusador, juiz e júri. Contudo, falhar é intrinsecamente humano; todos nós erramos, tropeçamos, caímos e temos a capacidade de nos reerguer.

Tome como exemplo um deslize profissional – pode ser um prazo perdido ou um equívoco num projeto. Em vez de sempre se autoflagelar, é mais benéfico admitir o erro, aprender com ele e seguir em frente. Esse método não só diminui a carga da culpa, como também converte o erro numa reflexão.

O autoperdão é vital nas interações pessoais. Todos já nos pronunciamos ou agimos de maneiras lamentáveis, magoando alguém. Embora assumir responsabilidades e buscar reconciliação seja crucial, perdoar-se é fundamental para a recuperação e prevenção de repetição de falhas.

Ao olhar para trás, para as dificuldades da infância ou os desafios da juventude, é comum que sejamos duros conosco. Podemos nos culpar por não termos sido mais fortes, espertos ou capazes. No entanto, é essencial admitir que agimos da melhor forma possível com os recursos e conhecimentos de que dispúnhamos na época. Perdoar a criança que fomos é um ato de amor e aceitação.

Essa jornada de autoperdão também envolve a compreensão de que a perfeição é inalcançável e, frequentemente, uma armadilha. Quando nos exigimos perfeição, estamos nos preparando para o fracasso, porque a perfeição é inacessível. Aceitar nossas imperfeições e limitações é um ato de bondade para conosco e um passo importante para estabelecer uma autorrelação mais saudável e realista.

Salienta-se que se perdoar não é uma desculpa para a indulgência ou evasão de responsabilidade. Antes, é um reconhecimento de que a autocompaixão e a responsabilidade podem coexistir. Autoperdão não é omitir ou negligenciar falhas, mas aprender com elas, promovendo o crescimento e desenvolvimento pessoal.

Em última instância, perdoar a si mesmo é abrir espaço para a cura e para a transformação. Constitui um chamado para viver de forma mais genuína e livre, em que equívocos são etapas de aprendizagem, não barreiras inultrapassáveis. O autoperdão nos permite uma vida mais leve, alegre e pacífica.

PARTE 2

RELACIONAMENTOS AUTÊNTICOS

CAPÍTULO 14

Dançando com a incerteza

Seria ingenuidade da minha parte dizer que, ao parar de brigar com a vida, os problemas desapareceriam. Eles não vão sumir, e às vezes podem até se intensificar. Mas, então, como podemos encarar a vida de maneira mais leve, mesmo nos dias difíceis?

Um dos hábitos mentais mais comuns é enxergar as coisas e as pessoas como se fossem imutáveis. Se alguém nos parece antipático, acreditamos que esse indivíduo jamais mudará. No entanto, quantas vezes mudamos de opinião sobre alguém que hoje amamos, mas que de início nos causava desconfiança? Hoje até rimos daquela impressão injusta, mas lá atrás a ideia de imutabilidade era absoluta.

Esse processo de mudança de antipatia para curiosidade e, eventualmente, para uma relação prazerosa é um bom exemplo de como as impressões iniciais podem ser injustas e equivocadas. Na Psicologia, observamos isso sob uma perspectiva sistêmica, em que a forma como observamos algo estabelece uma relação dinâmica com o objeto observado. Quando um pesquisador chega a um povoado que teve pouco contato com o mundo exterior, não podemos ignorar a existência do próprio pesquisador nas interações com aquela comunidade.

À medida que convivemos com algo e nele colocamos um tempero emocional, uma relação boa pode ficar ruim – e o inverso também. E é quando não conseguimos ter mais mobilidade que as coisas ficam pesadas, difíceis e impossíveis de solucionar.

Em terapia de casal, é comum que os parceiros cheguem com certezas absolutas sobre o que se passa na mente do outro, muitas vezes com conclusões negativas. Parte do meu trabalho é questionar essas certezas, levando-os a pensar sobre seus pensamentos, sentimentos e impressões. Com frequência, isso revela que muitas "verdades" eram fruto de fantasias, medos e deduções distorcidas.

Nossa mente tende a simplificar os problemas para encontrar soluções, mas essa simplificação muitas vezes cria mais barreiras, pois depois de duas horas estamos atormentados por fantasmas descolados da realidade. Essa simplificação pode até economizar energia mental, mas não leva em conta que as coisas sempre se movem.

Uma paciente me contou sobre o sentimento de solidão e caos que imaginava como decorrência da morte iminente do pai doente. No entanto, quando o pai faleceu, a realidade foi diferente do que ela temia. Amigos e familiares se aproximaram e o chefe foi supercompreensivo. Além disso, ela descobriu que o pai havia deixado mensagens de carinho e organizado toda a documentação, como um seguro de vida, o que amenizou as dificuldades. A tristeza, embora presente, veio acompanhada de emoções interessantes, mas nem sequer imaginadas anteriormente.

Como será que a nossa vida seria se a gente tentasse diminuir a carga de antecipação? E se a curiosidade desse lugar à aflição antecipada? E se tudo o que já enfrentamos no passado representa um sinal de nossa força para adversidades?

Lembre-se: as peças de um jogo estão sempre em movimento e você pode se mover também, mas não inventando catástrofes.

CAPÍTULO 15

Irracionalidade delirante: o esporte preferido da humanidade

Um dos grandes equívocos ao lidarmos com outras pessoas é achar que somos seres puramente racionais. Pense nas situações do dia a dia – por exemplo, esta: você promete não gastar mais naquele mês, porém se depara com uma promoção irresistível de eletrônicos ou bolsas e acaba passando o cartão de crédito, como se este não representasse dinheiro de verdade. Quando a fatura chega, a frustração é imensa. Você se chama de burro, mas, na realidade, isso é irracionalidade pura. Você sabia que a conta chegaria, apenas não conseguiu manter suas boas intenções.

Pensamos uma coisa, sentimos outra, falamos algo diferente e agimos de outra forma. Isso é confiável? Nem um pouco. Ainda assim, porém, nos consideramos o epítome da sanidade e cobramos dos outros a coerência que nós mesmos não temos.

É provável que você se veja como a pessoa mais sensata, enquanto o resto do mundo parece feito de gente tosca, ingênua e hipócrita. No entanto, levante a sua ficha criminal do cotidiano e pense na quantidade de vezes que se flagrou com hábitos duvidosos. Você sabe o que deveria fazer, até anotou na lista de resoluções de ano-novo, mas desistiu logo depois do *réveillon*.

Atitudes assim não te fazem uma pessoa de mau caráter ou não confiável, apenas inconsistente. E isso se aplica aos outros também. O problema é que adoramos ver a inconsistência alheia como uma falha moral; quando se trata das nossas esquisitices, contudo, sempre temos uma boa justificativa (o que não nos impede de sermos duros na autocrítica depois).

Dois pesos, duas medidas. Tá vendo como até na hora de julgar somos irracionais? Nosso lado competitivo fala alto e não ponderamos corretamente que medida usar.

Sua autoestima sofre por você acreditar ser um modelo de coerência, porém, quando se pega cometendo pequenas tolices, parece que um vampiro te atormenta, abalando seu bem-estar.

Mesmo depois de vinte anos de consultório, ainda me surpreendo com pessoas falando mal de si mesmas de maneiras que nunca diriam a um inimigo, usando as ofensas mais humilhantes. Por quê? Culpa da irracionalidade compulsiva da qual somos feitos.

Você promete não voltar a falar com o ex... e volta. Diz que não vai comer besteira... e come. Jura que vai dormir cedo e iniciar uma rotina saudável... mas passa a noite em redes sociais. Planeja se conectar mais com amigos... e acaba sucumbindo à exaustão mental, sem nem sequer responder a uma mensagem.

Poderia passar horas listando promessas não cumpridas, mas o objetivo não é incitar sua autoirritação. É apenas lembrar que não precisamos nos prender à reputação alheia para nos sentirmos melhor: estamos todos juntos no mesmo cesto de irracionalidade.

Não estou dizendo que essa é nossa melhor característica, pois ela leva a diversos problemas e é a raiz de muitas infelicidades cotidianas. No entanto, gostaria que você considerasse aliviar o peso dos julgamentos sobre o comportamento humano. Não é para nivelar a humanidade por baixo e dizer cinicamente que ninguém presta, mas, sim, perceber que existem forças irracionais que nos fisgam com mais frequência do que gostaríamos.

CAPÍTULO 16

Viva livre: solte as pessoas

A internet e as redes sociais trouxeram à tona um tipo de personalidade que sempre existiu, mas nunca tinha sido tão valorizado: o fiscal da vida alheia. Indivíduos fofoqueiros sempre fizeram parte do panteão de gente desagradável retratada até em peças de teatro ou na literatura. No entanto, o fiscal da vida alheia não é necessariamente um passador de informação que tem prazer em deixar o máximo de pessoas cientes da "maldade" do outro. Sua alegria é poder decidir o que é melhor para aqueles que ele nem sequer conhece.

Qualquer coisa pode cair na sua navalha mental: como as pessoas se vestem, o que comem, decidem a carreira, educam os filhos, gastam dinheiro, votam e amam. Neste momento, ao criticar o fiscal, me torno um também, mas com um propósito: alertar que viver assim faz a vida ser mais pesada.

Você já notou como nossa mente está sempre tagarelando, comentando o comportamento alheio? A princípio, essa é uma maneira de decodificarmos o que está se passando ao nosso redor para nos situar na teia de relações a que pertencemos.

O problema é que isso vira algo tóxico com muita facilidade e usamos os comentários para amaldiçoar, praguejar, destilar veneno, obscurecer partes da personalidade do outro, tramar contra e induzir tensões nas relações.

Interferir na vida alheia, mesmo com boas intenções, acaba por nos acorrentar também. Reflita: o que você ganha toda vez que fica fofocando sobre a moralidade dos outros? Eu sei, aquela coceirinha da satisfação momentânea pelo senso de superioridade provisório, aquele gostinho irracional de vitória.

No entanto, que padrão estabelecemos na nossa mente quando viramos o fiscal da vida alheia?

Nós não pegamos leve na nota mental; essa fita métrica é tóxica, exigente, soberba. Além disso, a nossa medida acaba sendo inatingível, pois inventamos como a vida dos outros deveria ser com base em nada, só nos nossos preconceitos – ou seja, é a nossa pior versão que alimentamos.

Outro problema adicional: criamos o hábito de olhar para fora e fazer comparações que diminuam o outro. Esse bumerangue, porém, vai voltar, pois num dia escolhemos a vida de alguém para criticar, e, noutro dia, é a nossa vida que pode ser criticada. E a dor da inferioridade invejosa vai bater em você também. Se a sua mente só opera na lógica da comparação vitoriosa, um dia você está no pódio; noutro, na sarjeta.

Sugiro, então, que tente soltar as pessoas à sua volta, deixe que ajam como quiserem, procure não fazer resenhas sobre suas motivações ou como vivem. Se puder, viva a sua vida e se concentre no que precisa fazer.

Nossa potência emocional costuma ser muito prejudicada quando vivemos como detetives espionando e tentando controlar o que os outros fazem. Talvez você até se surpreenda com a diminuição de oscilação emocional no cotidiano. Solte as pessoas. Assim, você tem passe livre e sua vida também ganha espaço por ser menos castrador(a) e castrado(a).

Quanto menos praguejar o outro, mais se libertará do próprio moralismo.

CAPÍTULO 17

Entre ajudar e invadir: ninguém precisa ser salvo

Quando a gente está fazendo as pazes com a vida, a coisa mais difícil é aceitar que precisamos seguir em frente e que pessoas que amamos podem ficar no meio do caminho; afinal, cada um tem o próprio ritmo.

Mudanças na vida chegam em ondas irregulares: fases mais otimistas que funcionam lindamente e outras críticas em que só queremos desaparecer. Nem todos reconhecem que suas ações influenciam seus problemas. A Psicologia Social descreve isso como lócus de controle: alguns sabem que mudanças pessoais provocam transformações externas, enquanto outros atribuem suas desventuras a fatores externos, como o acaso ou a má sorte.

Isso significa que a revelação que iluminou sua vida e mudou sua maneira de pensar não foi do dia para a noite, mas resultou de uma combinação de experiências externas que despertaram motivações internas, levando a ações que alimentaram novos ciclos de mudança. Você não foi salvo por ninguém.

O problema é que, quando chega a hora de lidar com os impasses dos outros, achamos que é na base do contorcionismo que a mudança vai acontecer. Como na história do homem que quebrou uma rocha com várias marteladas até revelar uma joia. Neste caso, não foi só o último golpe que contou, mas todos os anteriores.

Acreditar que precisamos "salvar" alguém pode criar um desequilíbrio prejudicial nas relações, em que o salvador se sente superior e o "salvo", diminuído. Isso não significa que devemos abandonar quem precisa de ajuda, mas, sim, que temos de agir sem a presunção de que somos a única solução para os problemas alheios.

A vida não muda com o golpe de apenas uma marretada; são muitas ideias, pessoas, contextos e até momentos tortuosos que colocam uma peça no quebra-cabeça. Seria redutivo alguém dizer que "salvou" outro. Por que imaginamos que seremos o salvador de uma pessoa querida?

E como ajudar sem agir como um messias que desce do alto de uma montanha? A postura que parece sempre funcionar para mim é a de quem chega do lado para ajudar, completamente ciente de que sou especialista na minha caminhada (e olhe lá).

Para ajudar sem essa presunção orgulhosa que vem de dentro, e não de cima, é melhor não usar verdades inquestionáveis. Prefiro criar caminhos artesanais de experiências que me atravessaram do que regras de conduta fechadas e impositivas. A troca é melhor do que o convencimento.

Essa abordagem abre espaço para que a autonomia da outra pessoa floresça no tempo dela e, mediante esse respeito mútuo, a vontade de desabrochar venha menos forçada e sem o peso que aquele lugar messiânico e presunçoso exige. Ninguém sai sobrecarregado no fim da jornada.

CAPÍTULO 18

Síndrome do evolucionismo: adaptados, mas não melhorados

Charles Darwin, o pai da teoria da evolução das espécies, deixou um legado crucial para as ciências. No entanto, parece que transformamos um conceito fascinante num verdadeiro emaranhado confuso que só complica nossa vida.

Basicamente, Darwin disse que as espécies mudam ao longo do tempo para se adaptarem ao meio em que vivem e que os indivíduos mais aptos têm mais chance de sobreviver, deixando mais descendentes e criando, assim, uma seleção natural que – acumulada em milhões de anos – resulta na diversidade que temos hoje.

Importante destacar, ele nunca afirmou que as espécies melhoram, são mais felizes, mais sábias, mais bondosas ou virtuosas; apenas que elas se adaptam e que quem se adapta melhor vai ficando vivo. Isso quer dizer que, se o meio recompensar mais gente calorenta, serão eles que farão mais filhos e em alguns milhares de anos os friorentos terão desaparecido. Quem é mais legal, um friorento ou um calorento? Nenhum dos dois, portanto os calorentos que evoluíram não são melhores que os friorentos, só mais adaptados.

E o que isso tudo tem a ver com a nossa vida? Nós nos fixamos na ideia de que, obrigatoriamente, a vida humana deve "melhorar" com o tempo, confundindo evolução com progresso pessoal, quando, na verdade, a ideia de evoluir não tem nada a ver com isso. Alguém que trabalha num ambiente corporativo tóxico, por exemplo, pode se adaptar a ele ao longo dos anos, tornando-se mais irônico, agressivo ou dominador. Isso não é melhorar, é apenas se adaptar.

Essa confusão conceitual nos levou a acreditar que pessoas mais experientes ou mais velhas são melhores e que podemos "impulsionar" a evolução dos outros, um equívoco que não encontra respaldo nas ideias de Darwin.

A equivalência entre velhice e ser alguém melhor nos faz ter uma interpretação equivocada, acreditando que a atitude dos nossos pais e avós são uma fonte de sabedoria inquestionável, além de idolatrar as tradições como se fossem o melhor que acumulamos como espécie. Os valores que moldaram nossa espécie há séculos podem ser obsoletos hoje, pois, apesar de terem garantido a sobrevivência do *Homo sapiens*, não asseguram a felicidade.

Esse blá-blá-blá teórico todo é só para chegar a um ponto importante: a busca da felicidade pessoal e coletiva não vai acontecer sem um esforço especial para esse destino. Não podemos confiar que nossas tradições nos levarão automaticamente a um futuro melhor. Vamos implodir tudo o que está aí? Longe disso, contudo é preciso revisar com frequência aquilo em que acreditamos, para manter o que ainda funciona e abandonar o peso inútil que nos dá segurança, mas cria âncoras.

Da mesma forma, devemos parar de pressionar os outros a "evoluírem" de acordo com nossas expectativas, pois cada pessoa se adapta ao seu meio da melhor forma possível para si. O que é adequado para alguém pode não ser o mesmo para você.

Na prática, a mesma teoria que serve para alguém amadurecer e viver bem não se aplica a outra pessoa. Pode até ser um menu degustação, mas é ela quem vai trilhar, com seus meios muito pessoais, aquela jornada. Deixe os outros em paz!

CAPÍTULO 19

Um mundo, muitos messias: navegando na espiritualidade plural

Eu sei que você é incrível e já entendeu que não precisa salvar ninguém. Afinal, cada um tem o próprio caminho para ser "salvo", e as diversas religiões são prova disso.

Jesus, figura espiritual de referência no Brasil, nasceu num contexto judaico, próximo a uma Europa repleta de mitologias com vários deuses. Naquela época, já existiam messias para todos os gostos, e apenas os seguidores de Cristo se identificaram com seu estilo de pregação, enquanto a maioria continuou com as próprias crenças.

Depois de Jesus se tornar popular, surgiu Maomé no Oriente Médio, encaixando-se nos gostos daquela região. Isso significa que, em um mundo que valoriza tanto a singularidade, não haveria espaço para um único messias, Deus ou religião, até se Jesus voltasse. Mesmo um indivíduo bom, portanto, ainda que com uma palavra poderosa, vai ter mais conexão com um tipo de pessoa, e não com outro. Hoje, existe lugar apenas para "messias de nicho", pois é tanta gente e tantos cenários diferentes que ninguém consegue abarcar uma necessidade universal.

Para alguns, enfrentar desafios e novidades é essencial para a felicidade e a igualdade social; para outros, é importante a nostalgia de tempos mais simples e seguros. E, dentro desses grupos, há ainda mais especificidades. Hoje, as pessoas buscam preencher seu quebra-cabeça espiritual com peças e líderes distintos.

Aonde quero chegar com isso? Talvez nunca haverá consenso sobre a melhor maneira de viver. Tentar proteger a todos com o mesmo guarda-chuva é inútil. O melhor que você pode fazer é ser feliz com suas preferências e compartilhar suas influências, sem se indispor em virtude das escolhas alheias. Isso é perda de tempo.

É tentador caçar pontos de convergência para agregar o mundo todo debaixo das asas e compartilhar o que transformou os seus hábitos, mas a prática de maratona que encantou um entedia o outro que faz *CrossFit*. De esportes a culinária, de política a religião, somos como um caleidoscópio de interesses.

Se tentar "salvar" uma pessoa com base na sua dieta preferida, talvez encontre alguém com restrições semelhantes, mas na maioria das vezes verá aqueles com as próprias abordagens para a saúde.

Pode parecer cruel ver alguém querido seguindo um caminho que consideramos errado, mas é crucial pensar sobre a base dessa relação. É essencial estar sempre alinhado em tudo, ou é possível manter a intimidade apesar de alguns desencaixes?

Alguns nós amamos pela troca intelectual; outros, só pela convivência aconchegante. Para estes últimos, talvez basta reservar seu coração.

CAPÍTULO 20

Mudanças e karaokês: deixe as pessoas serem quem são

O peso da vida que carregamos vem da necessidade insaciável de mudar o jeito daqueles que amamos. Eu sei, a gente quer o melhor deles, e sei também que as pessoas são estranhas, às vezes até maldosas.

Trabalhando há mais de vinte anos com indivíduos em busca de transformação com auxílio da terapia, afirmo: nunca vi alguém mudar. E isso pode soar como se eu fosse um psicólogo ineficaz, mas permita-me explicar minha observação.

Quando alguém chega a um consultório de psicoterapia, vem com uma história sobre quem é, relatando seus problemas, supondo algum tipo de motivo e esperando que as adversidades sejam resolvidas.

O meu papel é ouvir tudo isso dos meus pacientes e lhes fazer perguntas que provoquem a imaginação sobre o que pensam de si mesmos. O que eu testemunho não são indivíduos mudando, mas notando aspectos de si mesmos que não valorizavam. Percebem que aquela voz interna que ignoravam deve ser ouvida, consultada e realmente levada em consideração na hora de tomar uma decisão.

Sabe quando você canta no chuveiro e fica meio envergonhado, mas quando está de pileque no karaokê solta a voz e passa ridículo sem medo? É parecido com isso. Ninguém canta melhor no karaokê, nem porque está alcoolizado; apenas aceita com mais facilidade a própria voz deplorável com alegria. E sabe qual é a reação dos outros? Valorizam isso, pois também gostariam de passar vexame com menos autocondenação. Com esse incentivo do ridículo, passam a cantar junto (e mal) e, quando a noite termina, todos parecem cantar qualquer música aleatória como um hino coletivo.

Cantar sem medo de ser feliz, mesmo que mal, tem um efeito sobre quem se arrisca. Essa aceitação transforma fraquezas em parte de quem somos.

Temos o mundo em nós. Pense com calma. Somos formados não só pelos pais, mas também por todos que nos cercaram e amaram, deixando sementes de influência. Quando alguém muda, portanto, não é uma mudança de fato, mas uma expansão, que abraça uma dimensão escondida de si.

E por que não conseguimos trazer essas partes ocultas dos outros ao nosso dia a dia? Por que isso vai acontecer com força na terapia? Tem alguma ideia?

A terapia é o grande karaokê no qual a pessoa ensaia algum aspecto incomum de si mesma, porém sem ser condenada, julgada ou repreendida. Como terapeuta, eu olho maravilhado para aquele canto desavisado e peço ao paciente que repita. O poder que aquilo traz é maravilhoso: fazer algo para o qual não se sente habilitado.

Nossa intenção de fazer as pessoas serem algo específico inibe nelas a vontade de se arriscar. Elas começam, então, a esconder a voz perto de nós e de si mesmas, ficando ressentidas, tristes e na defensiva, em especial na frente daqueles que mais amam.

Aí vem a nossa surpresa quando as vemos soltas na festa da firma, numa igreja, ou numa quadra poliesportiva, sendo outra coisa que não conhecemos. Pensamos: *Poxa, comigo não é assim...*

Não mesmo, e talvez elas façam bem em omitir aquela expressão, principalmente se tentamos limitá-las a categorias restritas.

CAPÍTULO 21

Fugindo da sombra: quando evitar sofrimento dói mais

Você está fugindo dele, o tempo todo, incansavelmente, sem trégua, mas isso o faz carregar uma exaustão sem fim. E sabe que, olhando o seu histórico, por mais sofrido que tenha sido, deve ter passado mais tempo fugindo do sofrimento do que sofrendo de fato.

Opa, essa conta parece equivocada. Será mesmo que passou mais tempo de vida evitando sofrer do que sofrendo? Bem, faça uma estimativa do seu dia, esprema as horas e pense quanto tempo passou se lascando, de verdade. E quanto tempo passou com a cabeça torturada numa coisa ruim que estava prestes a acontecer ou que provavelmente nem iria se concretizar.

Você vai argumentar que essa antecipação o prepara para a batalha seguinte. Não sei se você já cuidou de uma pessoa doente em estado terminal. Não importa o quanto tenha imaginado a perda dela, a dor que sentirá na despedida é feita de um tecido irreconhecível por qualquer imaginação.

Já teve filho ou viu alguém nascer de perto? É parecido. São quarenta semanas de espera e nenhum exame de imagem consegue prepará-lo para o "sofrimento" do nascimento. Sim, é uma espécie de sofrer.

Quero explicar uma coisa que ninguém conta para a gente. Do que é feito o sofrimento? Não, não é de dor. O sofrimento é composto de amor, tempo, mudança e pessoas. Fugir do sofrimento é tentar escapar desses elementos essenciais da vida. Não sei você, mas não vivo sem pessoas, amo mudanças e sei que o tempo vai levar aquilo de que eu não gostaria. O que dizer do amor, esse cobertor quente que torna os nossos dias mais fáceis?

Evitar o sofrimento é o próprio sofrimento supremo, o pior caminho para se afastar do amor que temos pelos outros. Ele não nos prepara para nada, mas desgasta os nossos dias, sequestra o presente e entrega vazio.

O sofrimento, porém, aquele que tememos que se repita, é majestoso quando acontece. Sim, a beleza do sofrimento é que não ficamos distraídos. Alguém já cochilou num divórcio, no adoecimento extremo de um filho, no dia tenso de demissão ou numa ruptura definitiva? Não.

O verdadeiro sofrimento, quando ocorre, é intenso. No meio de um luto, estamos presentes, vivos e imersos em emoções, sem distrações.

O sofrimento é o avesso de estar apaixonado. Na paixão, fechamos os olhos e nos atiramos; no sofrimento, abrimos os olhos tateando cada detalhe, pulsando igualmente dos dois lados.

Negar o sofrimento é evitar a vida, desidratar os dias, economizar sentimentos, navegar pela miséria da segurança e, ainda assim, ser expelido para a frente sem sofrer e sem viver.

Na hora de recolher os cacos, não haverá muita coisa espalhada pelo chão; os pés estarão intactos, mas fracos, puros e desvitalizados. Os dias serão muito parecidos, confortáveis e pálidos. Sua vida será uma grande varanda de onde viu o bloco passar, sem coragem de mover os pés.

CAPÍTULO 22

Solte as pessoas

Repare numa coisa: o amor acontece de um jeito estranho. Queremos todo o bem do mundo para os outros, imaginamos a nossa felicidade ao lado da família, dos amigos e da pessoa amada, e tudo isso de uma forma específica que funciona bem na nossa cabeça.

O problema é que essa escultura maravilhosa nem sempre está de acordo com o que as pessoas pensaram para a vida delas. Cada um tem um jeito próprio de encontrar caminhos que combinem melhor com a sua personalidade.

Você, olhando para a forma como leva a vida, seguiu uma trajetória mais ousada ou tímida conforme suas inclinações. Imagine como seria torturante ter alguém monitorando cada um dos seus passos.

Eu nunca vou me esquecer do relato da garota australiana Natascha Kampusch, que passou oito anos em cativeiro com o seu sequestrador, um homem que, no seu delírio pessoal, tratava-a com todo o tipo de tortura física, mental e sexual achando que esse convívio era aceitável. Ela falava, agia, argumentava e se movia pela trilha que ele permitia. Por sorte, ele se descuidou e ela fugiu para contar a saga dramática de se ajustar a um homem terrível pelo qual se afeiçoou para manter a sanidade.[3]

Essa história é terrível, certo? Mas que semelhanças há com a nossa forma de amar? Em que medida amordaçamos os outros em nossas expectativas? Como os enlaçamos em desejos para os quais eles não estão preparados?

Não gostamos de nos imaginar dessa forma, tampouco temos certeza se deixamos as pessoas à vontade consigo mesmas na nossa presença.

Solte as pessoas. Faça esse exercício mental. Imagine que elas pensem de modo diferente, ajam livremente, para além do seu território, até de modo desajustado. Como se sente? Isso lhe causa um tipo especial de aflição ou angústia? Provavelmente sim.

Esse é o seu limiar de segurança sobre os outros. Talvez seja nessa esfera que você "permita" que eles avancem; mais que isso, você acaba sentindo insegurança. Claro que, ao perguntar se a pessoa se vê presa por suas vontades, a resposta será não. Os indivíduos não são a menina de 10 anos que, como a Natascha, foram rendidos por um estranho. Eles próprios não notam os acordos não verbais com você.

É provável que você não se perceba tão preso aos desejos alheios quanto eles aos seus. Vivemos numa teia de interdependências, restringidos por reputações e expectativas coletivas que moldam nossas ações, muitas vezes sem nosso pleno consentimento.

Bateu uma claustrofobia lendo tudo isso, certo? Eu sei, por isso mesmo eu digo, solte as pessoas. Deixe de emitir opiniões

---

[3] ARAÚJO, Cecília. Do sequestro à fuga: Natascha Kampusch relembra seus 3.096 dias em cativeiro. *Veja*, 22 jan. 2011. Disponível em: https://veja.abril.com.br/mundo/do-sequestro-a-fuga-natascha-kampusch-relembra-seus-3-096-dias-em-cativeiro. Acesso em: 14 nov. 2024.

contundentes sobre tudo – reserve algumas apenas para você –, evite falar sobre a aparência ou a moralidade alheia. E, acredite em mim, a sua sinceridade pode aparecer vez ou outra sem que isso sacrifique a sua integridade.

Você vai notar um efeito colateral sobre a sua mente quando começar a soltar os outros dessa mordaça opinativa. Ficará mais leve. O juiz implacável que condena vai começar a tirar dias de folga e poupar o seu pescoço.

À medida que for soltando as pessoas, a própria leveza vai se reestabelecer e, garanto, não será uma anarquia coletiva.

CAPÍTULO 23

O amor e seus paradoxos: maltratamos quem amamos

Parece contraditório maltratar quem amamos, contudo essa complexidade emocional é uma realidade comum nas interações humanas.

Quando olhamos para a pessoa amada, exigimos a perfeição, esperando que ela corresponda a uma idealização que está além da realidade. Tal pressão pode ser avassaladora, transformando o amor, que deveria ser um porto seguro, em motivo de ansiedade e temor.

Com frequência, nossos pais colocaram uma carga imensa sobre nós para alcançar os objetivos que eles próprios não conseguiram obter, confundindo amor com controle e desejos não realizados. Ao fazer isso, podem sufocar a individualidade e a autenticidade dos filhos, esquecendo que cada ser é único e livre para explorar o próprio potencial.

Na amizade, supomos que a familiaridade justifique uma honestidade brutal, que pode, porém, ultrapassar os limites do respeito e da empatia, erodindo a autoestima alheia, esquecendo que o verdadeiro apoio envolve um equilíbrio entre gentileza e verdade.

No ambiente profissional, a busca por sucesso pode nos fazer exigir demais dos colegas ou tratá-los com rigidez. Sob a premissa de estar contribuindo para o melhor interesse da equipe, podemos estar, na realidade, impondo uma visão limitada do que significa ser produtivo e valioso.

Esses comportamentos, embora muitas vezes bem-intencionados, refletem uma falha em valorizar a complexidade da experiência humana. O amor, contaminado por rigidez e pressa, pode provocar mais dano do que bem. Exigir demais dos outros em nome do amor pode ser uma tentativa de evitar lidar com nossas inseguranças e limitações. É mais fácil focar a "melhoria" dos outros.

Desenvolver relações saudáveis exige compreender que amar envolve não só cuidar, mas também permitir. Aceitar o outro em sua totalidade, reconhecendo que a liberdade é fundamental no amor genuíno. A permissão para que os amados sejam eles mesmos enriquece e aprofunda os vínculos.

Fazer as pazes com as imperfeições – sejam as próprias, sejam as alheias – torna nossa interação com os amados mais amena. Podemos substituir a imposição pelo espaço, a crítica pelo incentivo e a limitação pela celebração das diversas experiências e perspectivas que enriquecem o tecido da vida.

Nosso amor pode ser implacável, às vezes sufocando os outros sob o peso de nossas expectativas, limitando sua liberdade de ser. Essa dureza involuntária tensiona as relações e nos rouba o gozo de nos relacionarmos verdadeiramente.

Suavizando nosso amor e expectativas, salvaguardamos a essência dos nossos laços e reencontramos o prazer de compartilhar a vida com o outro, apreciando a beleza de sua imperfeita humanidade.

É na aceitação, e não na exigência, que o amor pode florescer melhor.

CAPÍTULO 24

Criando sonhadores, não cópias: a arte de ser pai e mãe

A Psicologia Contemporânea tem explorado o efeito das expectativas parentais nos filhos. Embora seja bem-intencionado aspirar que eles representem um futuro promissor, é essencial avaliar com cautela. A questão de depositar ou não nos filhos a carga de nossas frustrações não é apenas retórica; é uma preocupação legítima que toca o cerne da parentalidade consciente e do desenvolvimento infantil.

O anseio comum entre os pais é desejar que os filhos vivam melhor do que eles. Embora nobre, a complicação emerge ao definir "melhor" com base em vivências não concretizadas. Tal abordagem pode acarretar a imposição de um caminho preestabelecido, roubando dos jovens a chance de perseguirem as próprias aspirações e interesses.

Tomemos o caso de um pai cujo sonho musical não se concretizou, empurrando o filho para esse caminho. Mesmo com boas intenções, tal ato pode causar ressentimento ou sensação de inadequação na criança, sobretudo se ela tiver aptidões e desejos distintos.

Na esfera educacional, é comum esforçarmo-nos para garantir que nossos filhos sejam os melhores da classe, inscrevendo-os em inúmeras atividades extracurriculares e cobrando altas notas. No entanto, devemos questionar: estamos incentivando a flexibilidade e a criatividade, ou estamos, inadvertidamente, promovendo uma seriedade amargurada com nossa insistência em excelência e sucesso?

Consideremos também o mundo digital em que vivemos. Ao tentar preparar nossos filhos para um mercado de trabalho cada vez mais tecnológico, podemos estar nos esquecendo de ensiná-los a valorizar o tempo fora das telas, em que a criatividade e a imaginação têm espaço para florescer. Estamos criando uma geração de inovadores ou de consumidores de tecnologia que não sabem como se desconectar e simplesmente ser?

Nas práticas de vida, como a nutrição e o exercício físico, podemos nos tornar zelosos em excesso. É claro que queremos que nossos filhos sejam saudáveis, mas, quando a vigilância se torna obsessiva, podemos acabar passando mensagens prejudiciais sobre imagem corporal e autoaceitação.

Esses exemplos evidenciam que o papel dos pais é complexo e repleto de nuances. Ao pensar sobre como estamos influenciando o futuro dos filhos, é vital considerar se de fato estamos ouvindo quem eles são e o que querem. Será que os apoiamos na exploração de seus talentos e paixões, ou estamos tentando esculpi-los à imagem dos nossos sonhos frustrados?

O desafio está em equilibrar o fornecimento de orientação e estrutura com a promoção da autonomia e autoexploração. Devemos encorajar nossos filhos a estabelecer as próprias metas e perseguir o que os torna verdadeiramente felizes, mesmo que isso não corresponda à nossa visão inicial. Assim, legamos valores de pensamento crítico, resiliência e uma abordagem apaixonada pela existência.

Em essência, como pais, nosso papel não é fabricar miniaturas aperfeiçoadas de nós, mas apoiar os filhos em seu percurso único de autorrealização. Ao alcançarmos isso, podemos nos tranquilizar, conscientes de que estamos pavimentando um futuro em que eles não são meras cobaias de nossos anseios, mas criadores de suas narrativas singulares e multifacetadas.

CAPÍTULO 25

Na bolsa de valores do coração pare de nivelar por baixo

Quando um casal me procura para terapia, eu costumo notar uma dinâmica bem prejudicial que é quase uma estratégia generalizada para lidar com crises: quanto menos percebem que o parceiro investe na relação, menos contribuem.

Imagine um pote no qual depositamos nossos afetos, esforços, desejos e sonhos compartilhados. Cada pessoa tem a própria "taxa de câmbio" emocional, e nem sempre o que é oferecido ou recebido tem o mesmo valor para o outro.

Muitas vezes, não temos consciência dessa "conta bancária emocional", mas fazemos uma avaliação constante do que oferecemos e o impacto disso. Lembro-me de um casal que atendi que tinha literalmente um cofrinho no qual anotavam suas contribuições, não apenas financeiras, para a relação.

A obsessão deles era entender, na economia de afetos, quem dava mais na relação e todo final do mês ou bimestre avaliavam como as coisas estavam. Não era particularmente tenso, pois se sentiam em dia com as ofertas emocionais; o problema era como contabilizavam o peso de cada ação. Nisso eles discordavam.

O problema surge quando uma ação contraria algum valor ou afeto do parceiro. Por exemplo, quando o parceiro estava doente – não grave, mas abatido –, ela foi para a casa da mãe intervir numa questão de família que não a envolvia, mas atuando como mediadora de conflitos. Como eles se recomporiam do sentimento de que ela parecia se importar mais com a família de origem do que com o parceiro num dia ruim? Ela o priorizaria em outros momentos como esse? Ele sentiria vontade de fazer algo melhor no futuro tendo esse histórico?

Qual é o caminho mais curto que utilizamos quando alguém pisa na bola ou recua na relação? Nivelamos por baixo, pensando: *Ah, é? Não fez isso? Então, não vou fazer aquilo!* O resultado disso todos nós sabemos: o time se enfraquece, ficamos mais fominhas, passamos menos a bola, acusamos o outro dos fracassos e reivindicamos os acertos apenas a nós.

Quem ganha com essa lógica? Ninguém. No entanto, sentimos como se estivéssemos equilibrando as contas. A pessoa que se leva a sério vai acreditar piamente que está fazendo o correto em desacelerar o carro; afinal, quem vai seguir acelerando numa estrada insegura e que não leva ao nosso destino?

O problema dessa lógica é que um *chef* de cozinha que resolva deteriorar o próprio desempenho por causa de um restaurante que não o valoriza vai tratar mal a sua faca predileta. Quem paga por nivelar por baixo é a própria pessoa que deu menos de si.

Não se trata de carma, como se fosse um bumerangue que vai voltar lá adiante, mas de um empobrecimento comportamental em que, sob a justificativa de uma "baixa entrega" do outro, diminuímos a nossa capacidade de oferecer o que temos de mais vivo em nós.

A pessoa machucada passa, então, a prejudicar os outros não voluntariamente, mas por entregar menos, até que também cause prejuízo. Na contabilidade final, todo um circuito de baixa entrega se instala nas relações; com isso, há apatia nas interações, nas conversas e em grandes sistemas, que se tornam mais cínicos sobre a humanidade.

Assim, retribuir o mal com o mal, mesmo que de modo inconsciente, nunca equilibra o amor, apenas o enfraquece.

PARTE 3

A VULNERABILIDADE COMO FORÇA

CAPÍTULO 26

Vulnerabilidade sem drama: como abraçar a imperfeição

Se tivesse que dizer qual é o grande temor das pessoas depois de perderem alguém amado, diria que é a vulnerabilidade diante dos outros. Nos conflitos recentes que observei, pude notar nas entrelinhas esse medo congelante.

Alguém pode recear mostrar seus sentimentos ao parceiro, por medo de parecer frágil. Esse temor pode causar mal-entendidos sobre comprometimento, discussões ou até afastamento no relacionamento.

Pense em um funcionário que hesita pedir ajuda por medo de parecer incompetente. Esse receio pode provocar erros e tensões, e seus colegas interpretarão mal sua postura, entendendo-a como desinteresse ou negligência.

Numa família, alguém pode esconder problemas pessoais ou preocupações, com medo de ser julgado ou não apoiado. Isso pode resultar em tensões e desentendimentos, pois os outros membros podem sentir que estão sendo excluídos ou que não há confiança entre eles.

Note como, nessas situações, o medo de exposição leva ao fechamento emocional, pois teme-se ser pego no flagra de um sentimento de inferioridade ou ação indevida ou inadequada.

E qual a relação disso com não se levar tão a sério? Total. Quem vive nesse constante alerta teme ser descoberto por baixo da fina camada de competência e protagonismo que inventou. Quanto menos nos levamos a sério, mais leve é aceitar fracassar.

Escândalos envolvendo figuras renomadas brotam desse medo de exposição. Perdem completamente a espontaneidade para garantir que consigam projetar uma imagem inviolável e, mesmo assim, não conseguem camuflar o seu lado "podre".

Ser vulnerável permite conexões em um nível mais íntimo. Compartilhar suas verdadeiras emoções e pensamentos constrói uma base de confiança e compreensão mútua, fortalecendo relacionamentos.

A liberdade perante a nossa vulnerabilidade é um catalisador para o desenvolvimento pessoal. Ser transparente sobre seus sentimentos e fraquezas aumenta a autoconsciência e a autoaceitação. Além disso, melhora nossa comunicação de forma aberta e honesta sobre as próprias experiências e emoções, com menor risco de desentendimentos.

Quantas vezes você deixou de dar aos outros a oportunidade de entender suas experiências e oferecer suporte? Com isso, os desencorajou no compartilhamento das próprias vulnerabilidades ou no exercício de generosidade.

O principal benefício de poder ser vulnerável é se libertar do peso de expectativas irrealistas de perfeição. E é isso que vai claramente afastar do seu campo emocional o fantasma da ansiedade, da timidez e da culpa crônica.

É tão lindo quando alguém pode assumir as consequências da própria ação e, ainda assim, se reconectar com quem ama.

Não somos definidos apenas por nossos podres, mas também pela capacidade de curar o que foi danificado, cuidando com carinho de nossas pequenezas.

CAPÍTULO 27

Ser incoerente pode revolucionar a sua vida

A incoerência humana, embora desconfortável, revela a fascinante complexidade da nossa natureza psicológica e emocional.

Pense nas promessas de ano-novo feitas com boas intenções, como passar a ter uma alimentação mais saudável ou fazer mais exercícios. Não raro, nos flagramos, semanas depois, devorando um sorvete ou procrastinando no sofá. Tal é a essência da incoerência humana: apesar de nossas intenções, as ações nem sempre estão alinhadas.

No trabalho, podemos defender apaixonadamente a importância do equilíbrio entre vida pessoal e profissional, mas ainda assim nos pegamos enviando e-mails de trabalho tarde da noite, incapazes de desconectar. Essa contradição não é apenas um sinal de hipocrisia, mas também um reflexo da complexa teia de pressões e expectativas que nos envolve.

Nas relações interpessoais, essa incoerência também é visível. Como pais, por exemplo, muitas vezes nos encontramos repetindo os mesmos discursos que juramos nunca fazer aos nossos filhos – os mesmos que odiávamos ouvir dos nossos pais. E, assim, a promessa de "nunca serei como eles" desvanece-se diante da realidade da parentalidade e de suas inúmeras demandas.

A inconsistência também pode ser observada na maneira como gerenciamos nossas emoções. Podemos nos considerar pessoas calmas e racionais, mas um momento de estresse no trânsito é capaz de nos transformar em um furacão de raiva e frustração. Aqui, a ilusão de integridade emocional e moral é desafiada pela realidade de nossas emoções brutas e espontâneas.

Contudo, a incoerência tem seu mérito evolutivo, possibilitando nossa transformação. A capacidade de adaptar nossas crenças e comportamentos em resposta a novas informações ou compreensões é fundamental para o nosso crescimento. A incoerência, portanto, pode ser vista como um indício de abertura a mudanças e novos horizontes.

Além disso, reconhecer a nossa incoerência pode ser um gesto de autenticidade. Ao admitir que não somos perfeitos, que lutamos com nossas hipocrisias e medos, estabelecemos laços mais genuínos. Todos têm as próprias contradições e, ao compartilhar as nossas, podemos encontrar um terreno comum com base na compreensão e na empatia.

Mais do que almejar uma integridade inatingível, portanto, podemos buscar uma autenticidade flexível, uma disposição para reconhecer nossas falhas e trabalhar para superá-las. A incoerência não é uma falha de caráter, e sim uma característica da condição humana – e aceitá-la pode ser o primeiro passo para viver de maneira mais consciente e intencional.

Ao abraçarmos nossas incoerências, não estamos desistindo de nossos valores, mas reconhecendo a dinâmica fluida da vida e do autoconhecimento. Estamos, na realidade, abrindo espaço para o crescimento, a mudança e a autocompaixão. E talvez, ao aceitarmos nossa hipocrisia e incoerência, possamos encontrar a liberdade para sermos verdadeiramente autênticos, com nossa luz e sombra.

Reconhecendo nossa inconsistência, podemos questionar a falsa noção de perfeição emocional e moral que com frequência nos esforçamos para manter. Até mesmo para rever as nossas máscaras e reconhecer o medo de falhar e a ansiedade que acompanha o julgamento dos outros.

CAPÍTULO 28

Por que não ganhamos um Nobel pela vida adulta?

Quando éramos pequenos, parecia que a gente sempre ganhava biscoito. Sorrir? Biscoito. Falar? Biscoito. Andar? Biscoitão. Ser um humano minimamente funcional? Oscar. Estudar, ler e escrever? Prêmio Nobel de Literatura. Agora, como adulto? Nada, nada, quase nada, muito pouco, mesmo quando fazemos algo incrível. Meio aplauso.

Como ficamos amargurados desse jeito? Em que momento perdemos a capacidade de celebrar as banalidades, tanto dos outros quanto as nossas?

É só a gente assistir a um vídeo de uma pessoa que teve um AVC, ficou acamada, perdeu movimentos importantes, então teve de reaprender a andar, falar, comer – necessidades "óbvias" –, para retomarmos o milagre da vida. O vídeo, então, termina e voltamos à amargura. Mas precisa ser assim?

A vida adulta é pesada, difícil, e tem dias que só queremos não viver – e ainda assim não fazemos nada mais do que a obrigação. Isso até que é verdade, cumprimos com a obrigação de todo adulto funcional, mas pera lá. Nenhum biscoito? Precisamos viver num deserto completo e celebrar só numa premiação extraordinária?

Confesso, acho tudo isso muito pesado; torna a vida densa, trabalhosa e solitária, pois, ao mesmo tempo que não criamos essa comunicação interna celebrante, faltamos com esse carinho pelos outros. Tem gente que aos 40 anos já acha dispensável dar feliz aniversário. Poxa, sobreviver até essa idade parece banal, mas com 20 anos já estávamos pedindo arrego. Dobramos a aposta e já começamos a virar gente *blasé*?

Por isso, aprecio a companhia da terceira idade, para quem tudo é motivo de comemoração. Eles entenderam que a vida é curta demais para ignorar as pequenas alegrias. E as pessoas entre 20 e 60 anos viraram essa cápsula de reclamação compulsiva, como se nada mais as impressionasse.

Se um extraterrestre descer numa nave espacial diante de nós, é capaz de ouvir uma reclamação porque não está falando a nossa língua.

Parecemos reis entediados, exigindo espetáculos diários. O problema é que é tudo fora do comum, mas depende de um empenho. A proximidade com uma criança desde o nascimento, a minha filha, me possibilitou olhar pelos olhos dela, entendendo cada fase de seu desenvolvimento como algo incrível, e me devolveu o maravilhamento que eu estava deixando passar em relação à minha vida.

Não se trata de fingir sentimentos. Esse "fingimento" tem a ver com um empenho consciente de colocar foco em sua sensibilidade. Isso porque não é que esteja fingindo, só está dessensibilizado. Eu lembro que, quando fiquei um ano sem comer doce e, de quebra, diminuí a quantidade de sal, notei como os alimentos passaram a ter mais sabor sem muito esforço.

Você sente a vida muito mais do que consegue ou quer se dar conta. É que, talvez por ter se machucado no meio do caminho, adotou a estratégia superficialmente bem-sucedida de sentir menos. Agora faremos o contrário, a ideia é resgatar esse olhar que se impressionava com mais facilidade para chegar a um equilíbrio emocional.

Em vez de deixar passar as coisas boas, você pode enunciá-las internamente. Faça uma lista ao longo do dia de cinco a dez acontecimentos banais que chamaram a sua atenção e tocaram as notas do seu coração. Você vai notar que começará um processo de degelo interior e a vida voltará a ter cor, ao mesmo tempo que os pontos altos não serão mais os grandes eventos, e sim pequenezas.

Não será mais que a obrigação de um adulto funcional? Sim, e mesmo assim será incrível.

CAPÍTULO 29

Deixe a dor atravessar você

Não é nenhum apelo ao seu masoquismo, mas a dor vai marcar dia e hora para conversar contigo. Não importa o quanto se debata ou choramingue, a natureza da vida é lidar com o sofrimento. E nem estou sendo pessimista ou catastrófico, mas talvez seja prudente declarar o que entendo por sofrimento. E quero dar pelo menos umas três visões.

Há um tipo de sofrimento emocional ou físico, resultado de atitudes que acumulamos ao longo do tempo. Como quando nos levamos ao extremo da exaustão física e emocional no trabalho que resulta numa situação grave de ansiedade, *burnout*, depressão ou outros transtornos variados. Ou se sofremos fisicamente por causa de um mal gerenciamento dos nossos hábitos com o corpo.

Outro tipo de sofrimento é de uma desilusão pessoal, como se percebêssemos que aquilo que somos ou que acreditávamos sobre a vida não se sustenta mais, em especial ao enfrentar um impasse prático ou dilema moral.

Imagine uma pessoa que depositou todo o seu senso de propósito numa profissão e se vê impossibilitada de exercer aquele ofício ou que talvez nunca alcance o resultado almejado.

Essa quebra da própria identidade promove um senso de vazio muito devastador.

No entanto, há um último tipo, que é o sofrimento intrínseco à condição humana. E ele vem das inevitáveis mudanças: adoecimento, envelhecimento, morte. Contra isso, não temos poder.

Independentemente do tipo de sofrimento, não podemos nos tornar seus reféns. Muitas vezes, o esforço para evitar o inevitável nos impede de viver de modo pleno.

O medo de sofrer pode nos paralisar, nos privando de gozar a vida, como se estivéssemos congelados, incapazes de fluir.

Então, que tipo de escolha temos diante do sofrimento? Deixe a dor atravessar você, não a retenha.

Reter a dor é tentar explicar, justificar, culpabilizar, racionalizar, conter, diminuir, acelerar ou torcer o processo. Pense no estado de luto por uma perda. Essa é uma travessia que não podemos controlar, prever ou calcular com precisão.

Existem muitas camadas numa despedida sobre as quais não temos ciência. O trabalho pode oferecer algum tipo de atestado por dias de luto, mas isso estaria longe de responder por todo o processo de regeneração necessária. Tente acelerar o luto e vai sentir a ressaca que isso implicará com o tempo.

O rabino e escritor Nilton Bonder tem uma alusão ao curto caminho longo e ao longo caminho curto. No primeiro, tentamos dar uma resposta imediata como um tipo de reação intensiva para estancar uma hemorragia, mas que não resolve a ferida. E isso acaba se estendendo por mais tempo do que esperado. Ao passo que acompanhar sem afobação como as feridas se comportam pode demorar mais tempo e, no entanto, ter uma cicatrização mais profunda e duradoura.

Deixar a dor atravessar você é não se debater com aquilo que a vida é. Isso demanda um tipo de abertura que permita que emoções desconfortáveis venham visitá-lo sem que você as interrompa. Se a tristeza vem conversar, ela é bem-vinda para falar sobre o senso de perda. Se o medo bate à porta alarmado, você ouve as suas preocupações. Se a raiva surge, pode esbravejar contra algo ou alguém sem nenhuma resistência interna.

Para que essas emoções o atravessem, você não vai tomá-las como um parecer final, mas como uma nuvem que vem e que vai, deixando um recado e se despedindo para depois retornar com outros informes.

CAPÍTULO 30

Esquecemos como brincar

Observar as crianças brincando é encantador. Tudo é fluido e mutável, elas navegam, alternam personagens, criam mundos e misturam caos com ordem em suas brincadeiras. A ética da brincadeira é fluir com toda a liberdade possível.

É uma pena, mas a maioria de nós não tem uma travessia infantil em que essa possibilidade de inventar a vida tenha sido aproveitada. Você provavelmente foi chamado ao dever muito cedo, precisando se ocupar com o clima tenso de casa, tendo de sufocar essa capacidade de fluir e se tornando uma pessoa preocupada, tensa e que não podia perder tempo.

A vida adulta foi chamando precocemente. Talvez tenha precisado trabalhar ou estudar demais para compensar algo que não ia bem na família, ou considerado casar para sair de uma masmorra. Com isso, o gosto da infância ficou preso entre a nostalgia e o amargor, tornando a leveza algo malvisto.

Donald Winnicott, psicanalista britânico, ocupou grande parte de seu trabalho em analisar crianças que apresentavam comportamentos difíceis por terem suprimido a capacidade de brincar.[4]

---

[4] Essa ideia está presente em grande parte do trabalho de Donald Winnicott, mas, para referência, consultar: WINNICOTT, Donald Woods. *O brincar e a realidade*: 1. Trad. Breno Longhi. São Paulo: Ubu, 2019.

Alguns céticos alegam que a infância como a conhecemos não existia e que excesso de liberdade pode comprometer o aprendizado sobre ordem e respeito nas crianças. E que esse excesso de permissividade para a infância estaria criando uma geração de jovens adultos fracos ou inábeis.

A infância pode ter sido inaugurada em tempos mais recentes, mas crianças sempre tiveram necessidade de uma rotina menos estruturada. O pensamento mágico na infância refere-se à tendência das crianças de acreditar em relações causais inexplicáveis e atribuir significados sobrenaturais a eventos cotidianos. Isso envolve crenças em magia, superstições e uma compreensão limitada das leis naturais.

Essa forma rudimentar de raciocínio prepara um espaço mental para a criatividade, a ambição saudável, a capacidade de experimentação e abertura para a curiosidade. Pessoas que são suprimidas desse treino tendem a exigir muito de si mesmas.

Sabe quando você encontra alguém que parece tão amargurado que você chega a duvidar que ele teve infância? Isso provavelmente é verdade, ele pode ter perdido a conexão com a própria inventividade.

Na prática, o que isso implica? Uma forma de se relacionar com a vida que prioriza mais as regras do que as conexões humanas. É como aquela criança que passa mais tempo organizando os brinquedos do que brincando. Organizar os brinquedos é importante? Claro, mas quando isso está em função da conexão com a ação de brincar. Seria o mesmo que guardar dinheiro para ter tranquilidade e nunca ficar tranquilo o suficiente para usufruir do que acumulou.

Já vi muitas pessoas que demoram para receber os amigos em casa e, quando isso acontece, não conseguem deixar a louça para o dia seguinte. Ficam enterradas na pia, sem conversar, rir e brincar com os amigos. "Se eu não limpar, não consigo relaxar!" Isso revela uma inversão de prioridades em que a ordem supera a conexão, embora devesse ser um meio de enriquecer as relações.

Retomar a capacidade de se divertir é um dos caminhos para resgatar a leveza. Tolerar a sensação asfixiante de cumprir o dever e poder sentar despretensiosamente em torno de um *hobby* ou prazer divagante. Como tudo é um treino, da primeira vez a culpa vai bloquear você, mas, se resistir a esse impulso produtivista e gozar, terá dado o primeiro passo.

CAPÍTULO 31

Os cachorros sempre morrem felizes

Se você já teve um animal de estimação doente que morreu, deve guardar uma recordação embaraçosa. Você sabia do inevitável: o pobrezinho estava para morrer, e ele continuava agindo como sempre, como se nada acontecesse de especial. Provavelmente estava mais amuado, quieto, mas não de tristeza, e sim de exaustão física. Quem estava triste era você. Os cachorros morrem felizes.

Outra coisa estranha sobre o reino animal é quando descobri que os antílopes não têm gastrite, ou seja, não estão ocupados com o futuro nem com o sentimento iminente de serem atacados por um leão. Sua vida continua sempre muito concentrada em observar o entorno, comer sua grama, se coçar em árvores, espantar moscas e dormir. Zero leão.

Quando surge a ameaça real, como o leão se aproximando, os antílopes reagem com uma energia surpreendente, garantindo fugas espetaculares. A total falta de antecipação não tira a sua eficiência. Nós, como seres humanos, muitas vezes esquecemos, deixando o futuro nos sobrecarregar.

Só podemos contar com o presente, e ainda assim insistimos numa vida projetada para fora de nós. Contratamos um roteirista de quinta categoria para traçar histórias muito vagas em termos de complexidade. Reflita a respeito das preocupações passadas e veja como muitas se mostraram infundadas.

Você teve um dia ruim no trabalho, sua chefe pediu para falar com você ao final do dia. Até lá, você só faltou contratar uma coroa de flores para o seu funeral. Tentou fazer todos os cálculos de prestações restantes e previu para quem pediria dinheiro emprestado. No entanto, não antes de pensar na bomba que isso representaria em sua vida amorosa e como isso implodiria ainda mais um convívio que já era frágil.

O leão não estava perto, não havia rugido, nenhum rastro, mas seu antílope desequilibrado estava totalmente distante do presente. Nesse caso, nem importaria que a previsão estivesse certa, já que a realidade se desenrolou de maneira inesperada, mostrando que você estava mais preparado para enfrentar o desafio do que imaginava.

O roteirista ruim desenhou cenários sem nenhum contraste realista, despovoado de aliados, inchado de inimigos e estratagemas trágicos. Ele se esqueceu do bem-querer de seus contatos, apoios, redes de conhecidos, reputação profissional.

Você só pode contar com o presente para que a vida aconteça. Mesmo numa situação de dor, é no presente que ela se formata – e nunca é da mesma maneira como foi no passado. Então, esse hábito de temer sofrimentos antigos é só mais uma expressão do roteirista ruim. O tempo passou, você mudou as formas de lidar com as coisas, teve batalhas no meio do caminho que prepararam uma resiliência mais robusta.

Isso quer dizer que você consegue até rabiscar algumas cenas futuras para articular caminhos possíveis, mas precisa ter clareza de que nada disso será uma preparação sólida para o que está por vir. Na realidade, podem resultar em um esforço inútil que consome energia mental valiosa, que seria mais bem empregada no enfrentamento de situações reais.

Mas não somos antílopes; nosso cérebro foi preparado para a articulação futura. O que fazer, então, enquanto tentamos comer grama? Colocar toda a sua atenção no presente, focar o que precisa ser feito, movimentar-se na direção da realidade, das pessoas, de conversas e de concretizações que vão sequestrar a sua mente na direção oposta ao amanhã. Mão na massa, e só.

Fora dos confins da sua imaginação, é onde as ideias mais brilhantes e soluções surpreendentes brotam. Preso aos seus temores, seu pensamento não consegue oferecer nada além de narrativas de baixa qualidade.

CAPÍTULO 32

Ninguém se mete com os idosos

Ninguém se mete com os idosos, já reparou? Quero dizer, em termos de esperança, sem pressioná-los por mudanças ou novos começos. Há uma aceitação tácita de suas trajetórias como completas, ainda que imperfeitas.

Isso é sintoma de um etarismo coletivo que marginaliza os mais velhos. Por trás dessa filosofia horrorosa, há uma lição valiosa: evitamos sobrecarregar os mais velhos com conselhos de vida ou argumentos inspiracionais variados; vemos a sua existência como algo que não nos atrevemos a mudar (por sentimento de desistência mesmo). A perspectiva de morte próxima imprime um realismo aceitando sua teimosia como parte de quem são.

Parece que os fracassos se dissolvem numa conta imaginária sob o lema "tudo está perfeito assim, mesmo que não esteja", embora possamos discordar disso.

Façamos um exercício de imaginação. Como seria se removêssemos nossas expectativas sobre o mundo ao redor?

Não, isso não é concordar com injustiças.

Não, isso não é ficar passivo.

Não, isso não é viver com indiferença.

Não, isso não é deixar nossos desejos de lado.

Trata-se de permitir que, de maneira temporária, as coisas descansem como são. Parar de agir como se vivêssemos num mundo quebrado e tudo precisasse ser consertado agora. Essa visão poderia parecer desfavorável se fosse um pleito por passividade.

Minha sugestão não é a inércia, mas reconsiderar a origem de nossas intervenções. Ao agir como "consertadores" dos outros, podemos inadvertidamente ferir ainda mais aquilo que julgamos estar quebrado. Seria como a personagem Chiquinha, do seriado *Chaves*, que ao tentar defender o pai, o Senhor Madruga, acaba ofendendo-o mais ao destacar sua pobreza como defesa: "Ele é um pobre coitado que não tem onde cair morto, não pode falar assim com ele".

Agir como se o mundo fosse incompleto ou quebrado evoca em nós um espírito de combate, como se alguém em especial estivesse destruindo o mundo. Elegemos, portanto, forças políticas, sociais e econômicas para servir de cabeça para essa conspiração coletiva e passamos a agir como ceifadores da mitológica Hidra, em que para uma cabeça cortada outras tantas nascem no lugar.

Não nego a influência dessas forças, mas elas emergem da nossa perspectiva combativa. Acreditamos em uma vida ideal e, ao olharmos para os demais, focamos o que lhes falta, limitando nossa capacidade de conexão.

Considerar tudo como perfeito significa aceitar a realidade tal como é, permitindo-nos contribuir a despeito de ela estar quebrada ou não. É conhecer novas pessoas sem deixar que preconcepções nos influenciem.

A ideia de que precisamos mudar os outros restringe nossa interação, levando-nos a agir com dó, superioridade ou intransigência, acreditando estar salvando-os. Tal abordagem é invasiva e pode ser percebida como agressiva, mesmo se movida por boas intenções. Então, podemos agir com os outros como fazemos com os idosos, sem a pretensão de mudar ninguém.

CAPÍTULO 33

Cuidado com o apocalipse

Em raras ocasiões em que me deparo com as notícias na TV, meu coração dispara: sinto-me desligado, como se precisasse usar um colete à prova de balas.

Não ignoro o apocalipse que parece nos cercar, mas sei que desde a minha infância o fim do mundo é anunciado. Como dizia meu avô, e provavelmente o dele. Nostradamus invadiu a nossa casa e parece invadir tudo sem pedir licença. A cada data do fim do mundo fracassada, renovam o prazo dizendo que ganhamos hora extra na Terra.

Talvez minha opinião seja atípica, pois adoro filmes ruins, até aqueles considerados "inassistíveis". A existência humana pode parecer um filme duro de digerir, a depender da perspectiva, mas isso mal arranha a superfície do que de fato somos enquanto humanidade.

Mantenho uma régua psicológica para medir meu equilíbrio entre alienação e obsessão por teorias da conspiração. A vida tem suas fases, influenciadas por energia, tempo, recursos e dedicação, que nos movem pelo espectro do engajamento. Contudo, viver nos extremos nos desgasta, exige sabedoria para evitar a indiferença ou a paranoia.

Acredito que, para não ser um estorvo e, mais ainda, contribuir de maneira positiva – sobretudo na área da saúde mental –, preciso calibrar minha habilidade de processar catástrofes e sofrimentos.

O mundo não é completamente terrível ou maravilhosamente perfeito. É complexo, contraditório e injusto, oferecendo diversas formas de interação. Cada um de nós ocupa um lugar único neste mundo, alguns com privilégios, a maioria sem o básico. Com frequência, escolhemos com qual aspecto da realidade nos engajamos.

Você precisa avaliar se vai ficar se alimentando de um, muitas vezes, indigesto noticiário ou se tem energia para ir ao campo de batalha. Se não consegue ajudar, então não atrapalhe e pare de assistir ao noticiário.

Apesar dos horrores, o mundo também tem sua beleza, que costumamos ignorar em favor do medo. O mal é exceção. A maior parte do tempo estamos vivos, trabalhando, trocando banalidades gostosas e nos movendo entre pequenas gentilezas e fofocas inofensivas. Isso não é terrível, é vida possível.

Então, quem se leva a sério diz que não consegue fechar os olhos para as notícias terríveis que incendeiam o mundo. O problema é ignorar que a vida é composta de bondade, que a empatia básica vai garantindo condições mínimas para a maior parte das pessoas, mesmo as que vivem em condições precárias. Até a pobreza não é só miséria, pois nela habita a poesia que surge na voz oprimida em que uns cuidam dos outros e ninguém solta a mão de ninguém. Fofoca de dia e solidariedade à noite.

Entre tantos "Deus nos acuda" há muito mais "vai com Deus", "Deus te cuide", "Deus abençoe e o diabo que te carregue". Nossos olhos, guiados pela mente que apazigua ou que incendeia, é que vão escolher onde colocar o fermento.

Mesmo num mundo terrível, somos capazes de maravilhas. Então, afinal, ele é o quê?

CAPÍTULO 34

Relaxar sem culpa: bem-estar no meio do caos

No frenesi da vida moderna, marcada por demandas contínuas e ritmo intenso, a ideia de "dar um descanso a si mesmo" parece quase um luxo inalcançável. Contudo, essa prática não é só um alívio indispensável, mas também uma ferramenta crucial para o bem-estar.

Pense nas vezes em que foi duro consigo mesmo por um equívoco. Essa voz interna pode ser severa, repetindo mensagens de autocrítica que, se fossem dirigidas a outrem, seriam tidas como abusivas. Relaxar, então, transcende o descanso físico, mas também se refere a acalmar a mente e silenciar essa voz crítica.

Relaxar não é sinônimo de irresponsabilidade. Pelo contrário, é um ato de cuidado consigo mesmo. É reconhecer que você é um ser humano, distinto da máquina, e que descansar é fundamental para a saúde e produtividade. O descanso e o relaxamento permitem que recarreguemos nossas baterias mentais e emocionais, aumentando nossa capacidade de enfrentar desafios e resolver problemas.

É aqui que entra a ideia de "deixar quebrar alguns pratos". Na vida, nem tudo será perfeito, e *está tudo bem*. Aceitar que alguns aspectos podem ficar fora do lugar ou que algumas tarefas podem ser adiadas é uma parte importante de aprender a viver sem estresse excessivo. Essa aceitação pode ser difícil, sobretudo em uma cultura que muitas vezes valoriza a perfeição e a produtividade acima de tudo. No entanto, permitir-se a flexibilidade de não ser perfeito é vital para manter a mente equilibrada.

Considere, por exemplo, um profissional que trabalha até tarde todos os dias, esforçando-se para atender a todas as expectativas e prazos. A longo prazo, essa pessoa pode estar se encaminhando para o esgotamento. Agora, imagine se ela decidisse conscientemente deixar algumas tarefas menores para o dia seguinte, permitindo-se uma noite de descanso adequado. Essa decisão não é uma falha, e sim um ato de autocuidado que, em última análise, pode levar a um desempenho mais sustentável e a uma maior satisfação.

Relaxar beneficia também as interações sociais, pois, quando estamos estressados, descontamos nossas frustrações nos outros. Ao nos permitirmos pausas, reduzimos a probabilidade de desavenças e cultivamos um ambiente mais agradável para todos.

Importante frisar que se dar uma trégua não implica ignorar deveres. Busca-se o equilíbrio entre dedicação e repouso, seriedade e leveza, sabendo quando desacelerar e se conceder períodos de paz, seja com *hobbies*, seja com meditação, atividade física ou até no ócio gratuito.

"Dar um descanso para si mesmo" é essencial e benéfico. É um convite a sermos tão compassivos conosco quanto seríamos com um querido amigo. Essa atitude promove não só nosso crescimento, mas também nos torna companhias menos pesadas. Portanto, lembre-se de que está tudo bem em relaxar, em ser imperfeito, e permita-se falhar ocasionalmente.

CAPÍTULO 35

Abandone a felicidade

Na esfera emocional e psicológica, a perseguição incansável da felicidade pode tornar-se uma odisseia desgastante que, por ironia, nos leva à infelicidade.

Em contrapartida, acolher o inusitado da vida nos torna mais descomplicados e relaxados, pavimentando o caminho para uma vida mais plena e equilibrada.

A princípio, vejamos a felicidade como conceito. Frequentemente entendida como um estado permanente de alegria e contentamento, como se fosse uma meta final que, uma vez atingida, solucionaria todos os problemas. Contudo, essa perspectiva não é apenas impraticável, mas danosa.

A existência naturalmente oscila entre momentos altos e baixos, e o anseio por uma felicidade constante pode fazer-nos desconsiderar ou menosprezar emoções como tristeza, ansiedade ou descontentamento, que são essenciais e integrais ao nosso sistema de regulação emocional.

A fixação na felicidade pode nos fazer intolerantes a falhas, nossas e alheias. Se só a felicidade for aceitável, qualquer afastamento dela é tido como deficiente. Entramos num ciclo de autorreprovação e insatisfação, insaciáveis porque a realidade não se alinha aos nossos ideais utópicos.

Ademais, essa incessante busca pela felicidade pode nos distrair do presente. Absortos no que deve ser conquistado ou aprimorado para alcançarmos a felicidade, negligenciamos as pequenas satisfações cotidianas. Vivemos numa constante antecipação, relegando a felicidade a um futuro sempre adiado, em vez de vivenciá-la no momento presente.

Em contrapartida, desapegar-se da perseguição obsessiva à felicidade e adotar uma postura mais receptiva e flexível diante da vida pode ser incrivelmente libertador. Aceitar a vida em sua totalidade, com todas as suas falhas, incertezas e surpresas, fortalece nossa resiliência e adaptabilidade.

Isso não implica renunciar ao progresso ou desconsiderar nossas aspirações, mas compreender que a felicidade não é um patamar estático ou um ponto de chegada, e sim um efeito colateral de uma vida plena e engajada.

Acolher o inesperado da vida também é permitir-se à espontaneidade e a experiências além do nosso controle ou planejamento. Com frequência, são as surpresas e os desvios do planejado que trazem grande contentamento e ensinamentos.

Liberando-nos da compulsão por controlar e antecipar cada detalhe, descobrimos o prazer na simplicidade e na beleza do acaso.

Em suma, embora almejar a felicidade seja um impulso natural, focar nela como o ápice da existência pode ser um tiro no pé. Priorizar a aceitação, a valorização do agora e a receptividade à pluralidade da experiência humana pode encaminhar-nos para uma vida mais gostosa.

A verdadeira serenidade e contentamento muitas vezes se encontram não na realização incessante de um ideal de felicidade, mas na capacidade de encontrar alegria e significado nas surpresas cotidianas.

PARTE 4

EMPATIA TOTAL: ABRAÇANDO A DIVERSIDADE

CAPÍTULO 36

Salvando o mundo à sua maneira: um guia não autoritário

Sempre achamos natural quando, num filme de super-heróis, eles são absolutamente destemidos e até imprudentes no ofício de salvar o mundo dos vilões.

Da mesma maneira, eu entendo que uma pessoa, quando está tentando ajudar a outra, sente como se o destino do planeta estivesse em jogo. Nós estamos tentando salvar o mundo daquilo que entendemos como "o mal", reduzindo tudo a certo e errado nessas horas.

A sensação de parecer inconveniente nunca surge da parte de quem está ajudando alguém, mas para quem recebe uma opinião não solicitada é uma importunação. O trabalho de convencimento é de formiguinha e uma hora surte efeito. Para quem acredita estar trazendo uma verdade cósmica, não existem dias ruins, e qualquer momento pode ser uma oportunidade para tocar um coração ferido, mas calma: na prática, você pode estar sendo apenas chato.

Dizem que você precisa ser exposto a um produto cinco vezes antes de decidir comprá-lo. Pessoas com motivação persistente levam vantagem, mesmo que pareçam chatas de início. Você pode achar alguém chato à primeira vista; num segundo momento, ele é chato, mas familiar; num terceiro, é até simpático; no quarto, você está convidando para um café; no último, até aceitando o convite, em especial se o seu último mês tiver sido catastrófico.

Meu ponto é que você também pode ser o chato de alguém. E não se empolgue muito com essa ideia dos cinco encontros, pois estamos falando de produtos, e alguns chatos podem ser chatos para sempre. A pessoa que tenta lhe convencer a mudar um comportamento pode ter a mesma opinião sobre você. Por exemplo, eu espero que você possa emprestar, dar de presente ou recomendar fortemente este livro, mas a última coisa que espero é que ele venha embalado com a sua chatice.

Não é porque você está empolgado com uma filosofia que os outros também estarão. Você vem cozinhando esse assunto sobre parar de brigar com a vida há tempos. Quando meu livro chegou até você, pareceu perfeito porque o tema ressoou contigo. No entanto, aquele para quem você quiser dar o livro pode não estar na mesma jornada. Você precisa prepará-lo.

O melhor jeito de influenciar sem ser insuportável é inspirar pelo exemplo. Se este livro de fato tocou você, pratique o que aprendeu antes de falar dele. Depois, compartilhe suas reflexões sem mencionar estas páginas diretamente, como se estivesse apenas pensando alto sobre como vivemos enganados com certas ideias.

Nunca acuse a pessoa de algo antes de presenteá-la; ela odiaria este livro. Em algum momento, você pode grifar um trecho e mostrar a ela, mas não faça isso com cara de fanático. Mostre como se estivesse intrigado com algo, quase pedindo para que a pessoa explique aquele conceito. Ela vai se sentir inteligente, portanto pode lê-lo sem que aquilo seja uma ameaça.

O que eu fiz agora não foi uma aula para devotos, mas uma exemplificação de uma maneira mais natural de compartilhar ideias, com base na felicidade, e não na obrigação do outro em aceitar uma ideia. Se alguém quiser odiar o meu livro, tudo bem; não tem a ver com isso, mas com o direito de não ser importunado.

CAPÍTULO 37

O ódio cria um cativeiro com a pessoa odiada

Sempre tive preguiça de odiar, pois o ódio parecia uma maneira muito sólida de navegar pelas emoções. Para meu azar, nasci sob o signo de escorpião, e sei da fama de vingativo que ele carrega.

A minha sensibilidade excessiva sempre me deixou vulnerável a pessoas com intenções duvidosas. Sofri *bullying* na infância e guardei ressentimentos de muitos daquela época e da vida subsequente.

"Quem bate nunca lembra, quem apanha nunca esquece", diz o ditado. Olha que coisa maluca: a pessoa que agride tem o benefício da impessoalidade, tem o interesse de bater e nenhum rastro de curiosidade sobre a pessoa ofendida; até prefere não saber o nome. Quem bate quer paz para descarregar os punhos sobre a vítima desumanizada.

Mas quem apanha, veja só, passará o resto da vida pendurado pelo cabide da memória sabendo nome, sobrenome e local de moradia; afinal, o agressor de qualidade deve ser investigado meticulosamente.

Vivi uma situação inusitada. Anos depois de ser agredido por um rapaz na escola, ele apareceu em meu consultório de terapia. Não o reconheci de imediato, pois não sabia sua verdadeira identidade – antes, seu apelido era "Beiço".

Ele desabafou sobre sua vida conjugal miserável e fiquei ali, fascinado e paralisado por ouvir o relato do meu antigo algoz. Deveria revelar o ódio que alimentei por ele ao longo dos anos? Do que serviria esse tipo de confissão? Ele estava ali, vulnerável, para depois descobrir que o psicólogo tinha sido alvo da sua fúria juvenil?

Por sua vez, como eu poderia perder a oportunidade de me conectar com a figura que tinha povoado os meus piores pesadelos? O ódio havia selado a minha história com ele.

Assim é a natureza do ódio, permanecemos atados àqueles a quem desprezamos e, quanto mais remoemos, mais íntimo o inimigo se torna; oferecemos uma suíte master no nosso coração para alguém que deveria ocupar pouco em nós.

O ódio é meio gostosinho, né? A gente se sente superior, sofrente, legitimado na dor. E temos um bode expiatório para culpar por todos os erros de nossa vida.

Percebi que, apesar de ter preguiça de odiar o "Beiço", o ódio que tinha dele também era uma forma preguiçosa de processar o que aconteceu. Empacotei a pessoa numa coisa unidimensional para me saciar no meu tribunal interno. Depois de algumas sessões, eu contei a ele sobre o nosso passado, e foi libertador para ambos nos entendermos como adultos.

Descongelar uma pessoa odiosa é mais fácil quando ela muda, difícil é fazer isso com alguém que ainda come à nossa mesa. A maneira como lidamos com o nosso ódio de estimação vai contar sobre quem somos, e não sobre o agressor. É uma travessia, e cada um precisa descobrir a sua.

CAPÍTULO 38

A falha da universalização dos conselhos: não existe um jeito único de viver

Quando aconselhamos alguém, frequentemente nos esquecemos da vasta diversidade humana entre os oito bilhões de habitantes do planeta. Nossas semelhanças muitas vezes nos deixam tapados para o fato de que ter algumas características em comum não significa que estamos no mesmo barco ou nas mesmas condições. Assumir uma comunidade idêntica como ponto de partida para ajudar é, no mínimo, ingênuo.

A ideia de globalização, que ganhou força na década de 1980, nos lembra de que o mundo é muito maior do que apenas Ásia, África e Europa – uma noção que se expandiu com as grandes viagens marítimas. Desde então, percebemos que existem modos de vida incrivelmente diversos. Os invasores viam as comunidades nativas como "selvagens" a serem domesticados de acordo com seus padrões. Bem, a gente sabe como essa história criou uma sequência histórica de carnificina, escravidão, desapropriação indevida e uma dívida histórica impagável com os povos originários que viviam nas Américas.

Essa percepção de múltiplos caminhos legítimos de vida é desconfortável para muitos, que prefeririam acreditar em um único modo correto de viver. A crescente conscientização sobre a diversidade humana tem sido confrontada por movimentos que negam o multiculturalismo, reivindicando a soberania de um único estilo de vida.

O incômodo surge ainda mais forte quando essa diversidade deixa escancarada como as pessoas e culturas encaram de modo diferente o que é bom e ruim, certo e errado, e como os usos e costumes podem levar a jeitos peculiares de amar, brigar e resolver a própria bagunça.

Em grandes centros urbanos, a convivência com essa diversidade é mais natural, com cada cultura contribuindo para a metamorfose da cidade anfitriã. Parece que cada pessoa e cultura diferente deixa um pedacinho de mutação germinando na cidade hospedeira. Não existe um único tipo de café ou jeito de dormir, como se poderia pensar. Imagina a quantidade de outras formas de vida?

Em 2013, fui convidado a adaptar o livro *Relacionamento para leigos*[5] para o público brasileiro, e percebi que aquilo que se aplica aos norte-americanos em termos de relacionamentos amorosos nem sempre se traduz para o contexto brasileiro. Precisei escrever um livro do zero. Questões como ciúme, por exemplo, são vistas de maneira diferente em razão do senso de individualidade americano.

Se países, metrópoles e até mesmo bairros são tão distintos, então por que as famílias e as pessoas seriam uma só coisa? Somos todos mamíferos com DNA e digitais únicos.

Ao aconselhar alguém, por mais que as situações guardem semelhanças, cada um vai reagir de uma maneira muito pessoal.

---

5 MATTOS, Frederico. *Relacionamento para leigos*. Rio de Janeiro: Alta Books, 2014.

O que fazer com o seu palpite incrível sobre as pessoas? Às vezes, é melhor guardar para outro dia. Melhor que a vida não seja um trilho, mas uma trilha.

CAPÍTULO 39

A arte de não saber: nem sempre é o que parece

Todo mundo que trabalha com atendimento humano – como médicos, psicólogos e líderes religiosos – descobre segredos que a vizinhança nem imagina. Atrás da foto perfeita da rede social, tem tiro, porrada e bomba, e às vezes é isso mesmo: o que as pessoas mostram nunca é o que acontece de verdade.

A reputação de alguém ainda tem o poder de redimir ou afundar uma vida inteira, então, quanto mais poder a pessoa tem, mais ela zela pela imagem que projeta.

E a gente gosta de uma fofoca, né? Depois que ela sai na mídia, muitos dizem que já suspeitavam. No entanto, há uma contradição: ou idolatramos alguém sem questionar ou afirmamos que "já sabíamos" quando a verdade vem à tona.

Lembro-me quando atendia uma artista famosa, de cuja separação iminente ninguém desconfiava, recebendo elogios nas redes sociais. Depois do anúncio do divórcio, surgiram inúmeros comentários de pessoas alegando já saberem: "Imaginei que tivesse alguma coisa errada", "Eu achava que a cara dela não estava boa". Isso é um viés de confirmação; não queremos nos sentir enganados. Não, isso é um viés de confirmação da nossa mente que não gosta de se sentir vendida numa situação. A magia da publicidade estava fazendo bem o seu trabalho, eles não queriam nenhum tipo de prejuízo nos últimos shows que fariam, e era natural que não quisessem que nenhuma notícia ruim os prejudicasse. Mantiveram a pose até o último minuto para depois chorar as pitangas no colo dos jornalistas de fofoca. A verdade é que não dá para saber o que se passa na casa do vizinho, muitas tragédias nos pegam de surpresa, pois quase ninguém fica alardeando os seus piores dias em público.

Precisamos ser cautelosos com as aparências; as coisas raramente são tão simples quanto parecem. Quando chegamos a uma conclusão muito fácil dos outros, é provável que estejamos errados. Ninguém é tão bidimensional quanto podemos supor, as pessoas têm camadas e motivações que estão ocultas até para elas.

Esse entendimento nos poupa muitas invejas desnecessárias ou críticas injustas. Seja para elevar uma pessoa, seja para rebaixá-la, precisamos não ceder ao impulso de categorizar alguém como se pudesse estar fechado numa caixa de conceitos bem definidos.

Pense em si mesmo: quantas vezes você tentou explicar suas ações com detalhes? Você deseja que as pessoas entendam suas circunstâncias antes de julgar. Mas, frequentemente, bastam segundos de um vídeo para formarmos uma opinião negativa sobre alguém.

Prefiro dar o benefício da dúvida para todo mundo, pois nada é tão bonito ou pesado como parece. Então, quando vejo uma festa de casamento linda (e eu já fui celebrante de algumas), sei bem das ambivalências dos pombinhos. Ninguém casa sem uma fração de passado mal resolvido atrás de si. *E tudo bem*, não é algo condenável, a festa segue e todos se amam, porém não é preciso derreter de ódio por tanta beleza e pompa.

Se a coisa parece uma tragédia da pior qualidade, também tenha cautela, pois você já viu muito casal se lamentar e na semana seguinte retomar a relação, e a sua fama acaba sendo de urubu precoce.

CAPÍTULO 40

Não recorte as pessoas para caberem no seu mundo

Uma das coisas que mais acontecem quando atendo um casal em terapia é um tipo de ressentimento crônico sobre características de personalidade da pessoa (já não tanto) amada. "Ela age de um jeito crítico!", "Ele nunca percebe de fato os meus sentimentos", "Não consigo tolerar quando ela fala como se fosse uma criança", "Quantas vezes eu já disse que o jeito como ele come é detestável?!".

É verdade, somos uma colcha de retalhos mal diagramada, uma incoerência só, mesmo que você ache que sua personalidade seja um poço de integridade e a dos outros não. Uso o termo *integridade* aqui não como sinônimo de honestidade, mas de inteireza. Somos o que somos, num grande espectro de coisas adoráveis e péssimas.

A mesma graça que o amiguinho faz que arranca nosso sorrisão está conectada com a pequena inconveniência que ele provoca no mercado com a atendente. O jeito compenetrado da sua mãe é o mesmo que depois vai levar as coisas muito a sério e ser meio estraga-prazeres.

Acho que você entendeu o meu ponto. Cortar a sensibilidade de alguém por reagir de um modo mais "dramático" vai sacrificar a pessoa que será capaz de consolar o seu coração num dia de luto.

O ponto é: suprimir a sensibilidade de alguém por reagir de forma "dramática" pode nos privar do conforto que essa pessoa ofereceria em um dia difícil. Não há como separar por tanto tempo o rabo da lagartixa; o rabo vai crescer de novo.

Nossas características são inteiras, cabeça, tronco e membros, não podemos fatiar os outros para caber no nosso ideal de pessoa. Se a gente paga pela feijoada, vai levar o torresmo junto, mesmo que não goste de gordura crocante. Aceitar alguém significa receber o pacote completo, inclusive os aspectos que não apreciamos.

Mas nós somos estranhos, tentamos, metaforicamente, "fatiar" as pessoas para adequá-las às nossas expectativas, como melancias quadradas, mesmo que isso seja ineficaz e prejudicial. Ela fica quadrada, mas é desagradável. Em seres vai custar a força de vida restante.

"Mas, Fred, aí você está falando que eu tenho que abraçar a pessoa com tudo o que ela é? Até o lado horroroso dela?" Sim, abraçar todo o pacote não quer dizer que você vai gostar, interagir e nem mesmo concordar, mas não vai fatiar a pessoa. Melhor dizendo, você vai tentar, mas terá um efeito rebote pesado de afastamento contínuo até que nada reste entre vocês, inclusive a parte que você adora.

"Aí não, isso eu não tolero!" Exato, você tem o direito de não tolerar, mas vai devolver o quadro para a galeria de arte. Não tem como gostar da Mona Lisa e só levar o sorriso para casa. É o quadro todo, mesmo que você ache a Gioconda um pouco sonsa.

Viver com pessoas é bancar tudo o que elas carregam. Você veio de um lugar muito legítimo, terrível e lindo, com seus demônios embalados para presente. Os outros também.

Não é possível fazer essa seleção comportamental para agradar os nossos olhos. Como Clarice Lispector disse: "Até cortar os próprios *defeitos* pode ser perigoso. Nunca se sabe qual é o *defeito* que sustenta nosso edifício inteiro".[6]

Se você precisar de uma máquina, terá que encontrar uma compatível com o seu gosto, mas, se quiser pessoas de verdade, vai precisar saber que elas vêm com defeito de fábrica. Ou leva ou não leva. E vou te contar um segredo: quando paramos de resistir ao outro, parece que algo se abre na relação.

Intuitivamente, quando nos sentimos aceitos, parece que o nosso pior lado diminui e descansa.

---

6 LISPECTOR, Clarice. *A maçã no escuro*. Rio de Janeiro: Rocco, 1998.

CAPÍTULO 41

Turismo emocional: não se prenda em você

Tenho fascinação por gente brava, confesso que gosto da seriedade excessiva que elas carregam consigo. Motorista bravo é um charme. Ele olha para cada carro vizinho como um oponente desaforado, julgando cada movimento alheio como uma conspiração organizada para lhe tirar a paz. Em termos de construção de personagem, a narrativa é meio escassa, são sempre vilões sem coração. Para um homem maluco no trânsito, ninguém tem história: gente com dor de barriga, grávidas aflitas, jovens descobrindo o mundo detrás do volante ou casais se apalpando enquanto dirigem afobados.

Para quem se leva muito a sério, parece que o mundo é um teatro de injustiças que gira em torno de si, ignorando que cada pessoa tem subjetividade, vida própria, repleta de dramas e contextos únicos.

Estar preso em si mesmo não é uma boa coisa. A vida é maior que nossos caprichos, nós somos o trânsito na vida do outro, estaremos presos no celular atrapalhando o espaço do coleguinha.

Mas como desgarrar as coisas dos seus olhos? Bem, quando começa a se perguntar, mesmo em imaginação, o que está acontecendo no carro ao lado, é um começo. Quem já se envolveu em acidentes leves de trânsito sabe disso. Basta você descer do carro cheio de razão para testemunhar uma pessoa aturdida em muitos níveis. Ela mal soube aonde foi parar, é digno de compaixão. Aquilo vai dar uma dor de cabeça? Muita. Mas ninguém sai de casa para atingir o carro da frente.

Pense nas suas amizades, elas estão dando e tomando pancadas o tempo todo, assim como nós. Ninguém está muito bem. Ficar preso na própria perspectiva é perder muitos filmes acontecendo ao vivo ao nosso lado. Essa é a hora de pegar a pipoca, dar a mão para a pessoa e se "deliciar". Não, não é sadismo, mas uma postura de alteridade – olhar o mundo pelos olhos do outro.

Deixar de estar preso a si mesmo é fazer o esforço de colocar lado a lado a maior quantidade de variáveis disponíveis diante dos olhos.

Isso tudo só é possível quando construímos uma casa mental na qual existem cômodos que acolham visitas. A pessoa egocêntrica vive numa quitinete miúda (ou prisão), com pouco espaço para incluir os outros. É reativa. Não há interioridade profunda para elaboração, está privada de liberdade, mesmo que possa ir e vir. Sua mente capota em si mesma, presa por ansiedade, aflição, falta de energia e apocalipse.

Ter espaço para possibilidades variadas em si é uma forma de não se prender num conceito fechado, numa definição única que crie tensão em relação às próprias contradições.

Ficar solto de si é um jeito de passear por cenários mais arejados. A mente que se abre para o outro retorna de suas viagens repleta de novas inspirações.

CAPÍTULO 42

Não existe festa ruim

Sempre que alguém tenta brincar de futurologia, minha resposta é direta: vai dar errado. Digo isso meio brincando, zombando da nossa tendência de querer controlar o que virá.

"Fred, vou a uma festa, será que vai ser legal?" "Claro que não", eu respondo.

Não existe uma festa acontecendo láááááá. Sim, objetivamente tem uma festa acontecendo lá, mas, enquanto eu não chegar até a festa, a minha festa não começou. A minha festa começa com a minha atitude. Se tenho uma relação passiva, como um rei entediado esperando ser alegrado pelo bobo da corte, a festa será um fracasso, e nada que aconteça vai me satisfazer. Mas, se eu chegar com o coração explodindo de vitalidade e disposição de fazer a festa acontecer, então eu mesmo serei a festa que deu certo.

Aliás, tem gente que irradia esse poder de levantar defuntos festivos, em especial quando imagina que a festa vai acontecer por causa da música e do ambiente de festa. Não, festa, como qualquer coisa nessa vida, é feita de gente se dispondo (ou não) a fazer a coisa toda acontecer.

A festa é uma conexão entre aquilo que eu entrego ao mundo e as variáveis presentes. Por isso, o futurólogo passivo que se pergunta se o relacionamento vai dar certo ou se o trabalho será realizador já tem uma resposta embutida: a pessoa acha que as coisas acontecem por si mesmas, lá fora e sem a participação dela.

Quem espera que os acontecimentos provoquem excitação não entendeu que o jogo depende dele para funcionar. O riso precisa estar dentro de você para que o palhaço o arranque.

Tem gente que busca terapia com a postura do rei entediado, querendo que eu faça a magia sozinho. Internamente, é como se estivesse batendo palminhas para o macaco pular e ver se a alegria volta para o seu coração. Nesses casos, eu fico quieto, deixando evidente que uma dança depende dos dois participantes para acontecer.

Quando a pessoa engata a primeira marcha, eu a apoio para deixar claro que ela precisa se mover para o processo acontecer. Funciona? Só se ela quiser e agir.

Isso quer dizer que a vida acontece nesse espaço entre a possibilidade e a ação; não existe um dado antecipado que garanta o sucesso de nada. Um relacionamento amoroso acontece quando as pessoas movem esforços naquela direção. No entanto, a coisa mais comum no meio do relacionamento é quando as pessoas começam a esperar que a história se mova por si mesma, num grande embalo de inércia conjugal.

Eu adoro gente que dá pouca importância para as más previsões sobre outra pessoa. Lembro de um amigo que não dava a mínima bola para as fofocas que contavam sobre ele. Conversava com as pessoas como se não soubesse o que tinham cochichado nos bastidores e assim seguia a vida feliz, sem se modificar pela reputação que atribuíam a ele.

O efeito prático disso era que o peso de sua personalidade desprendida ia diluindo pouco a pouco o burburinho sobre a sua sexualidade; no final, todos estavam apaixonados por ele.

Não importava quão hostil fosse o ambiente, quem fazia a festa era a sua capacidade de se manter aberto, mesmo quando tudo o convidava a se fechar.

Então, daqui para a frente, quando a insegurança bater, não precisa perguntar se algo será bom. Esteja lá, de peito aberto e com disposição de se movimentar, pois, mesmo que a festa naufrague, você terá se divertido. A sua festa foi boa.

CAPÍTULO 43

Ódios de estimação: o inimigo mora ao lado

A coisa mais maravilhosa das nossas rivalidades cotidianas está em descobrir como iniciaram. Na terapia, um foco importante é aprender a lidar com nossos ódios de estimação, aquelas pessoas a quem parece não haver mais salvação na convivência.

Esse ciclo segue um padrão. X e Y se conhecem, começam bem, trocando confidências e carinho, até que Y falha de modo imperdoável para X, transformando uma alegria aparente em uma história trágica de inimizade eterna.

Independentemente da duração dessa rixa, como terapeuta, nunca me debruço sobre a pessoa odiada. Ainda que o paciente tente me convencer de seu ponto de vista, se a pessoa é boa ou má, justa ou injusta, não é relevante para a terapia. O que me importa é a mentalidade que está por trás do conflito.

Quase sempre, essa perspectiva combativa, talhada por anos, se confirma. Aqueles que desenvolvem gosto por tretar raramente desistem, e eu compreendo o porquê: há um prazer em discutir, sobretudo com um desafeto ausente.

A raiva é uma emoção paradoxal, drenando-nos enquanto nos energiza. Não me estenderei, pois dediquei o livro *Maturidade emocional*[7] a explorar as emoções mais comuns.

---

[7] MATTOS, Frederico. *Maturidade emocional*: Por que algumas pessoas agem como adultas e outras não. São Paulo: Paidós, 2021.

Eu já vi pessoas encobrindo processos de luto – seja por morte, seja por fim de relacionamento – com raiva, como um escudo emocional para não desabar. É muito mais fácil passar meses se debatendo com um inimigo a quem se possa atribuir todos os males da vida do que lidar com o vazio da perda.

Sustentar mágoa é um jeito muito satisfatório de manter o ânimo erguido enquanto o coração só faz derreter. Melhor ficar em posição fetal por uma semana ou com o punho levantado alguns meses? A razão diria que a primeira opção, mas nós, reles mortais, preferimos passar tempo em debates imaginários a dedicar uma só lágrima para quem partiu.

Nossa cultura é construída sobre uma visão oposicionista, valorizando mais um soldado do que uma viúva. Lidar com a perda é uma travessia sem grandes mapeamentos, temos poucos bons conselhos para quem ateste tristeza. Mandamos a pessoa se levantar, tomar banho, passar maquiagem, se movimentar, mas não sabemos o que dizer sobre aquela sensação desesperadora de desamparo. Sabemos preencher um buraco, mas não lidar com o seu vazio.

Quando alguém reclama de outro, nosso leque de conselhos se expande. Abrimos a caixa de ferramentas, selecionando táticas de confronto, desde silêncios que desmoralizam até humilhações públicas e violência psicológica. Parece que fomos criados para o conflito.

Ao ouvir lamentações, ativamos nossas iras, projetando em estranhos o que odiamos em nossos inimigos. Nesse grande ciclo da vida dos nossos ódios, alimentamos essa mentalidade combativa que só denuncia que somos um tanto quanto covardes quando o assunto é frustração emocional.

Seria mais trabalhoso manejar a impotência, deixar decantar a tristeza, admitir o amor machucado ou o nosso sentimento de pequenez diante do desejo dos outros. Mas odiar é aquele salgadinho vagabundo com gosto de chulé que, apesar de satisfazer momentaneamente, logo deixa a fome voltar a ecoar.

O inimigo, portanto, mora ao lado, mas do lado de dentro.

CAPÍTULO 44

Convivendo com vilões da vida real: reflexão sobre pessoas incorrigíveis

Em 2017, com o nascimento da minha filha, pensei sobre quais filmes seriam apropriados para ela. Queria evitar histórias que achassem normal o príncipe beijar uma pessoa morta (*Branca de Neve*) ou que está tranquilo ouvir grito de um homem bravo (*A Bela e a Fera*). Falhei miseravelmente, mas nenhuma dessas ressalvas passou batida, e fiz questão de pontuar cada um dos problemas existentes.

Havia algo que não conseguia explicar nem para Nina nem para mim: alguns vilões, como Úrsula ou Scar, diferem de personagens redimíveis como a Fera ou Darth Vader. Não soube como abordar a existência de pessoas incorrigíveis.

Algumas pessoas são intratáveis e permanecem assim, inalteradas pela positividade, incapazes de se transformar em alguém com ações perversas para o lado bom.

Tranquilize suas esperanças, sobretudo se o incorrigível for alguém próximo, pois é possível que não mudem; talvez até piorem.

E se eles buscarem religião ou terapia e blá-blá-blá... isso mudaria algo? Bem, se não estão tentando, contamos apenas com o presente para avaliá-los. Não podemos esperar que mudem profundamente para conviver com eles.

O desafio está em nos apegarmos a uma versão futura idealizada dos outros, nos prendendo a uma realidade irrealista, sem nos adaptar ou atenuar os danos causados por eles.

Mesmo os vilões de filme têm um charme. Não podemos ignorar o quanto Scar é genial e engraçado nas suas articulações tenebrosas. Na vida cotidiana, as pessoas incorrigíveis devem ter algo que as distinga – se não for o bom humor ou coração generoso, deve ser a inteligência ou alguma especificidade qualquer.

É possível manter um relacionamento superficial com essas pessoas, evitando conflitos desnecessários e protegendo-nos de feridas.

Mas eu garanto que a coisa que mais atrapalha a sua convivência com ela é o seu desejo de mudança. Tome a perspectiva de alguém incorrigível olhando para o seu nobre coração esperançoso. Ele acorda odiando a vida, pronto para detestar cada minuto e esbravejar a cada passo, e eis que surge uma flor-do-campo sorrindo. O que essa petúnia está achando de bom na vida? Está anestesiada ou não sofreu o suficiente. Silêncio, vou ignorá-la com essa positividade tóxica. Olhar para o lado bom da vida? Que bom? Que vida? Gratidão? Que mundo ela vive? Mudar? Não tenho tempo para nada, não preciso mudar nada!

Percebe? Para essa pessoa, qualquer tentativa de redimensionar a vida é perda de tempo e energia cheia de ingenuidade. Vocês não falam a mesma língua. Toda a sede de viver que você carrega é própria de gente iludida. E ela está certa. É preciso um pouco de ilusão para fazer a roda do mundo girar. Há quem abraçou essa viagem e há quem não.

Portanto, deixe as pessoas incorrigíveis (pelo seu julgamento) no mundo delas, só se preocupe se aquilo cruzar a linha da ilegalidade. Pelo bem dela e o seu, deixe os caranguejos andarem pelo manguezal; mesmo eles auxiliam no trabalho de decomposição por fungos e bactérias liberando nutrientes no solo.

CAPÍTULO 45

Dá pra desligar o mundo?

Alguns dias, tudo que desejamos é que o mundo dê uma pausa. Essa é a intenção por trás das escapadas ao banheiro, das demoras para dormir, das distrações no celular, ou da relutância em sair da cama mesmo com o alarme soando. Momento de pausa.

Em terapia, quando casais questionam se "dar um tempo" é ineficaz, costumo dizer que pode ser ou não. Afinal, há momentos sem pausas e momentos que as necessitam.

Caso eu sugira pausar esta leitura por um instante, é provável que você se distraia com o celular. Isso é preencher a pausa com mais movimento, o que de fato não configura uma pausa.

Pausa verdadeira é como parar de agitar vinagre e azeite até que se separem, cada um revelando suas características. É permitir que tudo decante, observando o comportamento das coisas sem nossa interferência.

Quando desejamos uma pausa mundial, iludimo-nos pensando que o mundo é rápido demais. Mas, na realidade, somos nós que nos intrometemos excessivamente nele, até que a carga se torne insustentável, e queremos descer.

De fato, descer seria uma boa, deixando de lado nossa pretensão de saber, opinar e participar de tudo. A verdade é que não somos essenciais; nosso anseio de controle não vai impedir que o inevitável aconteça.

"Mas e os bombeiros, Fred?" Nem bombeiros, médicos, psicólogos ou curandeiros têm poder absoluto para mudar as coisas. Nem bondade, dinheiro ou fé alteram certos desfechos. Algumas coisas simplesmente ocorrem.

Soou um tanto niilista baixo-astral, né? Se ofendi sua fé, não era minha intenção. A ideia é provocar uma reflexão sobre a ilusão do controle. Assim, se desejar fazer uma pausa e organizar suas coisas, tudo bem. As pessoas vão sentir a sua falta e vão se virar, vão mesmo.

O trabalho de terapia me faz testemunha de muitas histórias, inclusive de mortes. Depois da morte de alguém indispensável, as pessoas se reorganizam. É meio deprimente saber disso? É, mas eu quero que se lembre dessa reestruturação toda vez que resolver enfiar o dedo na vida dos outros.

Você deveria interferir ou dar uma pausa?

Nos dias em que desejar sumir, pense em sua interferência na vida alheia, e vice-versa. Se quer abrir espaço para mais qualidade de vida agora, é a hora de definir novas métricas. Desse jeito, abraçando o mundo, vai ficar pesado – para você e para o mundo.

E se você mesmo está com disposição de parar de brigar com a vida, permita que alguns pratos caiam. O prato talvez nem queira estar girando.

CAPÍTULO 46

Mais amor, menos doutrinação: pare de convencer os outros

Talvez a coisa mais irritante em uma convivência é quando uma pessoa decide que nós estamos errados e ela tem a verdade final sobre a nossa vida. Cada movimento em falso pode desembocar numa palestra motivacional sobre como deveríamos viver.

Essa companhia costuma evocar sentimentos de vergonha, culpa, medo e constrangimento, inibindo nossa disposição para arriscar, experimentar e, como consequência, gozar a vida.

É possível que você não se perceba nessa posição doutrinadora e ache que só os outros estão tentando convencer alguém. Mas estamos, mesmo que involuntariamente, navegando obcecados por influenciar os outros, pois partimos de uma premissa muito equivocada: de que o amor só se sustenta numa convergência de visões.

A concordância não é sinônimo de respeito mútuo. Pode parecer contraintuitivo, mas divergências de opinião são capazes de fomentar um respeito mais aprofundado. Muitas vezes, o incômodo real não tem origem no debate em si, e sim em sentir que a pessoa não está conectada humanamente com o que diz, ecoando como um papagaio opiniões alheias sem compreendê-las de maneira verdadeira.

Abordando um tema delicado como a religião: um praticante do candomblé pode conviver em harmonia com um cristão, desde que haja compreensão mútua sobre suas crenças distintas. Ou seja, se a gente sair do campo das ideias (em que discordamos) e entrar no dos afetos (em que nos conectamos por amor), a coisa muda de cena.

Em questões de vida ou morte, como lidar com alguém que toma decisões prejudiciais baseadas em suas convicções? Bem, nesse caso você vai precisar escolher se quer apoiar a pessoa por ela mesma ou por si. Se alguém está disposto a entregar a vida a uma causa em que acredita, como podemos impedi-lo de realizar isso? A raiz do problema em tais debates é a fragilidade do nosso amor; desejamos seguidores, não indivíduos autônomos. Buscamos pela segurança do consenso, tentando acomodar todos num leito homogêneo de ideias compartilhadas.

É por poder que você luta, e não por amor. Pois mesmo as pessoas que concordam com você são submetidas a um novo tipo de subordinação; além de compartilhar as mesmas ideias, precisam concordar com cada detalhe do que você prega. Percebe que essa sede por dominação não para na primeira concordância? É poder supremo que buscamos.

Imagine um mundo no qual todos concordam em tudo; seríamos como formigas, uniformemente alinhadas em um propósito eterno, mais parecidos com um coletivo instintivo do que com seres humanos individuais, unidos apenas na proteção da rainha e na defesa do território.

Como humanos, somos diversos, plurais, diversificados, com pontos fortes e fracos variados, uns compensando os outros. Temos pessoas que cuidam da tribo e outras que saem para explorar e expandir horizontes; algumas mantêm a segurança, outras empreendem novidades. Assim, nessa movimentação complexa e aparentemente caótica, encontramos caminhos de sobrevivência.

Talvez você ainda esteja defendendo o futuro do planeta Terra como se ele dependesse de nós para existir. O planeta vive bem sem nós, até melhor. O que estamos defendendo tampouco é a existência humana, já que também vamos sobreviver, menos que os quase 9 bilhões para os quais nos encaminhamos, muito menos. O que estamos defendendo é o acesso coletivo ao bem mais precioso que inventamos: a cultura humana, diversa, criativa e multifacetada.

Acreditar que convencer os outros é uma tática sábia revela certa ingenuidade. Nossa sobrevivência depende da habilidade em lidar com divergências, negociar e apreciar as diferenças que nos definem.

CAPÍTULO 47

Eu sei o que é melhor para os outros: ajuda ou presunção?

Existe uma sutil diferença entre querer ajudar e presumir saber o que é melhor para outra pessoa. Do ponto de vista da Psicologia, essa inclinação pode dizer mais sobre o conselheiro do que sobre quem recebe o conselho.

Considere um pai aconselhando o filho sobre carreiras. Baseado em sua experiência, ele pode sugerir Direito ou Medicina como carreiras ideais, vistas como seguras e rentáveis. Isso leva em conta as verdadeiras paixões e habilidades do filho, ou reflete o desejo do pai de assegurar certo *status* social para ele?

Amigos bem-intencionados costumam oferecer conselhos sobre com quem devemos ou não nos envolver. Uma amiga pode aconselhar outra a terminar um relacionamento por acreditar que o parceiro não é "bom o suficiente", fundamentando-se nos próprios critérios do que constitui um bom relacionamento. Esse conselho é realmente para o bem-estar da amiga ou é uma projeção das inseguranças e expectativas da pessoa que aconselha?

No ambiente de trabalho, um gerente pode acreditar que sabe a melhor maneira de um colaborador realizar suas tarefas, sem considerar que diferentes pessoas podem ter métodos distintos de trabalho. A insistência em fazer as coisas de uma única maneira pode não ser apenas uma questão de eficiência, mas também um reflexo do desejo do gerente de controlar seu ambiente e validar a própria vaidade profissional.

Não é incomum as pessoas recomendarem dietas ou rotinas de exercícios que funcionaram para elas, ignorando as necessidades individuais de saúde, preferências e limitações do outro. Aqui, a presumida sabedoria pode ser uma forma de afirmar superioridade ou apenas uma tentativa de conectar-se com o outro, sem uma verdadeira compreensão das complexidades e particularidades envolvidas.

Esses exemplos demonstram que, muitas vezes, quando dizemos "eu sei o que é melhor para você", estamos falando sobre nossos medos, desejos e preconceitos. Isso pode refletir um esforço para validar nossas escolhas, projetando-as como verdades absolutas, em vez de reconhecer sua natureza subjetiva.

Além disso, essa atitude pode ser um reflexo de nossa dificuldade em lidar com a incerteza. É reconfortante acreditar que temos respostas e soluções. Contudo, impor nossas perspectivas pode acidentalmente desconsiderar as vivências e emoções alheias, provocando sentimentos de insuficiência ou oposição.

É essencial lembrar que cada indivíduo é um especialista na própria vida. As pessoas têm diferentes histórias, valores e objetivos. O que funciona para uma pode não funcionar para outra. A verdadeira sabedoria está em ouvir, apoiar e, quando solicitado, aconselhar, mas sempre com a humildade de saber que cada um tem o próprio caminho a percorrer.

Ao pensar em dizer "sei o que é melhor para você", vale a pena ponderar se busca genuinamente a felicidade alheia ou se tenta impor sua concepção de mundo. A felicidade é uma experiência pessoal e, com frequência, o melhor que podemos fazer é oferecer amor e apoio, permitindo que os outros encontrem a própria jornada para a felicidade. Ajudar uma pessoa a viver melhor não tem a ver com escrever o roteiro da vida dela, mas com um suporte enquanto ela escreve a própria trajetória.

CAPÍTULO 48

Seus pais são toscos e tudo bem

É um clássico que, ao nos tornarmos pais, nossa visão sobre nossos próprios pais se transforme. Eu era implacável quando pensava no comportamento confuso, emocionalmente instável e estranho dos meus pais. Eu queria que eles tivessem maturidade o suficiente para equilibrar as finanças, o casamento, as amizades e o amor que nutriam por mim. Reconhecer essas tosquices, idiotices, com o amadurecimento foi um processo doloroso.

Na infância, vemos os pais como super-heróis, detentores de todas as respostas. Conforme crescemos, porém, percebemos que eles são tão humanos quanto nós, cheios de falhas. A adolescência traz a frustração de notar suas limitações em burocracias ou emoções. Essa realização, embora desalentadora, convida-nos a explorar as razões por trás de suas ações, que antes escolhíamos ignorar.

Nós crescemos acreditando na obrigação parental de nos oferecer uma educação impecável, em todos os sentidos. Mas quem entre nós não se lembra de um momento em que nossos pais perderam a paciência ou não souberam lidar com um problema escolar? Eles não têm todas as respostas – nem deveriam. Que coisa horrorosa seria ter pais perfeitos. Haveria pouco espaço para o nosso desejo de superá-los.

Os pais enfrentam a colossal pressão de criar filhos prósperos e felizes. Ao testemunhar seus fracassos ou esforços – desde a inabilidade social do pai até a dificuldade da mãe em manter a serenidade –, confrontamo-nos com suas vulnerabilidades e temores.

Os desafios emocionais dos pais são reais. Talvez não demonstrem afeto como precisaríamos ou não compreendam nossas batalhas internas. Isso não significa que eles não se importem; pode ser um reflexo de suas experiências de vida ou conflitos pessoais.

Costumo dizer que, até os 30 anos, é comum culparmos os pais por nossas desventuras (mesmo sendo um exagero), mas persistir nessa atitude depois dessa idade é negar a realidade. Libertar-nos do papel de vítimas é um passo crucial para crescer emocionalmente.

Podemos passar a vida culpando os pais por amor ou disciplina em excesso? Sim, mas isso só nos levaria a um ciclo disfuncional e fora da realidade. Ao invés de nos fixarmos no que nossos pais fizeram ou deixaram de fazer, podemos assumir a responsabilidade pela nossa jornada, reconhecendo que, embora possamos ter sido rascunhados na infância, na hora de passar a limpo é com o adulto que somos.

Aceitar a "tosquice" dos nossos pais nos ajuda a aceitar a complexidade inerente ao ser humano, cheia de falhas. Esse processo alivia o azedo que mantemos contra eles e as marcas que deixaram em nós.

PARTE 5

A REVOLUÇÃO DO ABRAÇO

CAPÍTULO 49

A subversão da alegria: como sorrir muda o mundo

Existe um preconceito comum de que leveza e irresponsabilidade caminham de mãos dadas, o que estaria intrinsecamente acompanhado de descomprometimento e superficialidade. Como alguém pode ser leve num mundo que beira o apocalipse? Só poderia ser uma pessoa rasa e alienada.

Mas quero defender o direito à leveza sem que isso seja sinônimo de indiferença aos temas mais densos ou à dedicação a causas humanitárias.

A realidade é que é preciso ser versátil, pois adotar a seriedade como estilo de vida tem um preço muito alto. Imagine um jornalista que está sempre cobrindo conflitos de guerra. A natureza do seu trabalho é testemunhar e relatar as piores tragédias provocadas pela humanidade. Se essa pessoa não conseguir transitar entre o trabalho, ao mesmo tempo que navega por outras paisagens mentais, então seu destino psicológico será o pessimismo niilista que enxerga tudo como sombrio.

Mas a realidade é múltipla. Temos o pragmatismo utilitarista que nos devasta como espécie, mas também as redes de solidariedade que conectam as pessoas e impedem o colapso acelerado. Ter leveza num mundo que parece apodrecer é uma forma de insubordinação, pois a desesperança é uma vitória para o sistema que nos desumaniza.

Ser capaz de sorrir é um ato de resistência no meio de tanta insalubridade mental e social. É sustentar uma forte barreira para que aquilo que nos mantém vivos num projeto de humanidade não derreta com facilidade.

Lembro de como os monges italianos do filme *O nome da Rosa*[8] eram impiedosos sobre o conceito de alegria contida no livro de Aristóteles: "O riso mata o medo, e sem medo não pode haver fé. Aquele que não teme o demônio não precisa mais de Deus".[9]

Tirando essa frase do contexto religioso, o riso mata o medo e, sem medo, podemos permanecer juntos, celebrando, mantendo a conexão mesmo nos dias terríveis. Pessoas que não conseguem se alegrar se vangloriam de estar de olhos bem abertos para as coisas que realmente importam. Vivem como as formigas zombando da cigarra que passará o inverno ao relento.

O problema dessa filosofia formigueira é que no inverno não se sobrevive só de alimento, mas da inspiração alegre que a cigarra traz para o ambiente.

Não existe nada mais sedutor para os jovens do que a possibilidade de ter um sorriso no rosto e criticar os mais velhos. A vida não é sólida nessa idade; a maneira de ver o mundo, apesar de ingênua, guarda a semente das mudanças. Eles ainda não acreditaram que algo não é possível só porque alguém disse, precisam ver com os próprios olhos. E por isso

---

8 O NOME da Rosa. Direção de Jean-Jacques Annaud. França, Alemanha, Itália: 20th Century Studios, Warner Bros. Entertainment, Columbia Pictures, Constantin Film, Acteurs Auteurs Associés, 1986.
9 ECO, Umberto. *O nome da rosa*. Trad. Aurora Fornoni Bernardini e Homero Freitas de Andrade. Rio de Janeiro: Record, 2019.

as novas gerações sempre renovam o que está corroído na geração anterior.

A capacidade de subir à superfície permite que toleremos o peso da profundidade. Ao descer e subir, escapamos da intoxicação pela densidade escondida no fundo, acreditando que só existe uma teia complexa que dispensa a diversão e o relaxamento.

Quem não ri de si mesmo perde a capacidade de ampliar o próprio repertório, pois se fixa numa imagem idealizada. Quando apontado, se ofende e se fecha para outras perspectivas necessárias.

Portanto, é possível militar por todas as causas essenciais, ainda que sem perder a capacidade de dançar, sorrir e olhar para o mundo com a simplicidade de uma criança. Há beleza naquilo que só se pode ver superficialmente.

CAPÍTULO 50

Você não é especial

Lembro como se fosse hoje: estava em um treinamento sobre ferramentas psicológicas, aos meus 27 anos, já clinicando havia algum tempo, quando me veio à mente uma cena que me atormentava em sonho. Eu tinha um pesadelo recorrente, que aparecia a cada dois meses, em que me via atendendo e dormindo na frente do paciente. A sensação era de torpor, acompanhada de vergonha e uma incapacidade total de controle.

Foi então que, enquanto o palestrante expunha algo simples, algo me atingiu profundamente: "Você não é especial". Sempre soube que não havia nada de excepcional em mim, seja em termos de inteligência, seja em termos de beleza. Mas por que a preocupação do meu sonho era sobre mim, e não sobre a pessoa à minha frente?

Um buraco negro se abriu em mim e comecei a reparar em como enxergava a vida como se eu fosse o personagem central de um filme e tudo girasse ao meu redor: coadjuvantes, figurantes e câmeras que eu nem sequer considerava. Na realidade, eu era apenas mais um, sem significado especial para os outros. Na rua, contemplava a indiferença com que os outros me fitavam; eu não tinha nenhum significado para eles.

Essa realização pode parecer trivial, mas naquele momento muita coisa mudou para mim. Enfrentando a fila com impaciência, logo vinha à mente: "Você não é especial". Isso me acalmava. No trânsito, ao ser fechado por alguém: "Você não é especial". E lembrava que todos têm seu tempo.

Nesse instante, uma maldição positiva se apossou de mim, pois perdi todo o direito de reclamar ou reivindicar qualquer direito especial como se as facilidades estivessem aos meus pés. Toda a irritabilidade que carregamos vem dessa espécie de comportamento mimado que nos habita. Da menor à maior exigência, indignação, senso de injustiça, tudo se origina desse desejo oculto de sermos amados, vistos, apreciados, compreendidos, tratados como se fôssemos particularmente importantes por algo inominável.

"Que dia pesado eu tive, mereço um chocolatinho." De onde tiramos esse senso de mérito? Por que merecemos o que achamos que merecemos? Por sermos adultos funcionais? Trabalhamos, pagamos contas, lidamos com problemas próprios dessas questões e então merecemos uma recompensa. Estranho.

Quando julgamos as pessoas, nem admitimos que elas se expliquem. Basta olhar para as suas ações para concluir quão monstruosas elas são. Quando cometemos um deslize, reivindicamos o direito de nos justificar e levar os outros a analisarem, como um júri muito imparcial, minuciosamente aquilo que pensamos e sentimos no ato a fim de argumentar a respeito de nossas intenções. Para os outros, a foice; para nós, o julgamento em terceira instância.

A lista é longa, mas você pode fazer uma análise simples do que tirou a sua paciência hoje. Tente encontrar esse sentimento de ser especial simplesmente por existir.

"Poxa, Fred, mas sou especial para as pessoas que eu amo!" Verdade, mas não é disso que estamos falando. "Mas se eu não me achar especial, quem vai achar?" Também não é sobre autocuidado. O ponto aqui não é sobre gostar de si ou permitir que os outros gostem, mas de sentir que a vida lhe deve algo mágico.

Você é só mais uma pessoa, lide com isso.

CAPÍTULO 51

O mundo não me deve nada

Provavelmente, todas as religiões baseiam-se na ideia comum de que as ações têm consequências positivas ou negativas, dependendo do comportamento bom ou mau que adotamos.

Essa noção de causa e consequência é crucial, pois promove um mínimo de civilidade em nossa convivência. Jean Piaget, ao observar crianças, notou que por volta dos 7 anos elas começam a compreender as regras sociais de forma mais abstrata, entendendo que somos regidos por princípios, valores e crenças que moderam nossas ações.

Mas, como a humanidade é maravilhosa, fomos desenvolvendo um sistema de recompensas para premiar quem se comporta de certa maneira ou punir quem segue de outra. Esse pensamento de débito e crédito foi se instalando em nós sem que percebêssemos a total ingenuidade que isso carrega.

O raciocínio seria simples: se ajo conforme certas regras convencionadas sobre o que é adequado, eu teria um acúmulo de méritos que eu poderia reivindicar futuramente para benefício próprio, como um salário ou FGTS. Quem cobraria ou recompensaria não fica claro.

Esse pensamento também se estenderia para as relações interpessoais, como se houvesse um banco de méritos acumulados entre as pessoas. Dependendo do bom ou mau comportamento, essa alfândega estaria mais ou menos descompensada ou equilibrada.

Daí a tragédia em que nos enfiamos, pois viver com a perspectiva de que o mundo nos deve algo pode levar a uma existência repleta de decepções e frustrações. Essa crença cria uma falsa expectativa de que a vida, de alguma forma, deve nos recompensar pelas adversidades enfrentadas. No entanto, essa visão ignora a complexidade e a imprevisibilidade da existência humana e pode nos impedir de reconhecer nossa autoria na construção de nossa vida.

Para desfazer esse engano, é importante entender que a vida não é um sistema de créditos e débitos em que "dívidas" são acumuladas e pagas. Cada indivíduo nasce em circunstâncias únicas, com desafios e oportunidades distintas. Esperar que o mundo nos recompense por nossas dificuldades é ignorar sua natureza aleatória, muitas vezes injusta e fora do nosso controle.

Além disso, acreditar que o mundo nos deve algo pode resultar em um estado de passividade e vitimização. Se estamos sempre esperando que algo bom aconteça como uma forma de "pagamento" por nossas dificuldades, podemos esperar sentados pelo consolo final. A verdadeira agência vem do reconhecimento de agir onde podemos agir, independentemente das circunstâncias externas.

Quando reconhecemos que nada nos é garantido, cada experiência – seja boa, seja ruim – pode ser vista como uma coisa em si, que não vai garantir nenhuma proteção extra contra as adversidades.

Se algo bom acontece, é um bônus inesperado, não um direito óbvio. O inverso é verdadeiro: se algo ruim ocorre, também é um evento fortuito que podemos resolver ou aceitar; nada pessoal. Em vez de esperar que a vida facilite as coisas, vivemos com ela como é, aceitando a imprevisibilidade e abraçando nossa capacidade de adaptar e crescer diante dos desafios.

CAPÍTULO 52

Você é caça-treta?

Até o momento, discuti as adversidades que nos encontram sem convite, mas vamos ter uma conversa de canto. Quantos problemas nós realmente buscamos? Admitamos, todos temos nosso lado caça-treta, né?

Conhecemos alguém (ou talvez sejamos essa pessoa) com uma habilidade nata para arrumar "sarna para se coçar". Por vezes, em meio à calmaria, sem motivo aparente, viramos o agente do caos. Qual a razão? Será que há um desejo secreto por desafios, uma necessidade intrínseca de sentir que estamos superando algo, mesmo que seja por meio de confusão?

Pense no trabalho: um projeto fluindo bem de repente se transforma em um monstro de sete cabeças depois de mudanças repentinas e desnecessárias na estratégia ou na adição de elementos supérfluos. Equipes antes em sintonia se veem em conflito, parecendo mais um desejo por complicar do que por otimizar.

Nos relacionamentos, a tendência de criar problemas atinge o ápice. Uma palavra inofensiva vira uma ofensa grave. Sem razão, decidimos sem motivo testar o outro, criando dilemas para ver suas reações. Por quê? Porque sim. Aparentemente, pela busca de emoção. Jogos mentais transformam uma convivência pacífica em um labirinto de dúvidas e confusões.

No aspecto pessoal, não ficamos para trás. A gente decide adotar um estilo de vida mais saudável, mas, no meio do caminho, sem razão alguma, desistimos. Começamos uma reeducação alimentar e, de repente, o chamado dos doces e *fast food* se torna irresistível. Iniciamos uma rotina de exercícios, mas logo nos "esquecemos" de ir à academia. É como se, no fundo, estivéssemos procurando razões para falhar, para depois podermos nos lamentar ou enfrentar o desafio do retorno.

Mas por que agimos assim? Em algum nível, todos nós buscamos um sentido de propósito e desafio. Para algumas pessoas que querem sentir a emoção à flor da pele, o sentimento de tédio pode ser mais desafiante. Criar problemas pode ser uma maneira de introduzir "excitação" no cotidiano, mesmo que desavisadamente. Além disso, lidar com esses problemas criados por nós mesmos pode nos dar um senso de conquista e controle, mesmo que seja uma ilusão.

Essa caçada de treta pode ser também a expressão de um tipo de autoimagem degenerada, como se o retorno negativo de confusão reafirmasse aquilo que negativamente sentimos ser. Viver em paz seria uma forma irreal de viver para alguém que merece a infelicidade. É uma maneira de confirmar nossas inseguranças e medos.

Em última análise, essa busca constante por "sarna para se coçar" pode ser uma maneira de nos manter em movimento, de nos sentirmos vivos e engajados, mesmo que por caminhos tortuosos.

Portanto, não tem a ver com jurar nunca mais cair nesse ciclo, mas com reconhecer que nossos desejos complicados construíram essa situação, não a má sorte ou os inimigos.

CAPÍTULO 53

O ringue dos dedos nervosos: briga de internet é uma delícia

Eu poderia passar horas discutindo como o ódio se transforma num estilo de vida viciante (e um tanto preguiçoso) para ocupar o tempo. Existe um aspecto específico em que nos perdemos, sem perceber que é igual (e é): os comentários na internet.

O dedo agitado, digitando freneticamente, explorando cada tecla para contestar um *post* ou sustentar um argumento. Ao pressionar ENTER, gozo, alegria, euforia, borboletas no estômago. Com ansiedade, esperamos por uma réplica, mais euforia. Uma tarde nesse ciclo é aflitiva, mas gratificante. O dia corre "gostoso".

A fascinação do semianonimato (mesmo com seu nome e rosto expostos) vem da ousadia que nunca teríamos em pessoa, falando de modo predatório sem constrangimento. Debater *online* tornou-se o novo falar pelas costas, sem o risco de confronto direto no dia seguinte.

Quem será aquela senhora de cabelo estranho ou aquele cara com #paidemenina no perfil atacando a todos? Irrelevante, pois o que conta é a briga, a sensação de superioridade, mesmo que momentânea. É indiferente se meu cabelo é incomum ou se há contradições em meu perfil, na internet, até um devoto pode criticar duramente em nome do amor divino: "uma coisa não se relaciona com a outra, é só um comentário *online*".

O anonimato seria ideal se pudéssemos desligar nossa mente ao criticar estranhos com opiniões divergentes *online*. Contudo, a mente é uma maldição incrível que carregamos para todo lugar. O jeito como tratamos os outros imprime um padrão de qualidade interior. Quem dedica tempo a encontrar falhas alheias não deve esperar gentilezas quando a própria mente se voltar contra si.

Uma autoimagem crítica, repleta de acusações graves, se reflete nas interações *online*, alimentando um ciclo destrutivo de depressão e agressividade virtual. O menino frágil e ineficiente na escola terá grandes chances de ser o atirador de sofá que vai gritar "pula do prédio" numa postagem qualquer de uma pessoa que confessou alguma fragilidade.

É crucial reconhecer que ódio e fragilidade emocional são dois lados do mesmo fenômeno. Os comentários mais belicosos surgem de mentes muito debilitadas, pois é difícil alguém que esteja em dia com o autocuidado gastar tempo batendo nos outros.

Mesmo assim, ninguém está imune de ser pego brigando nas redes sociais, dado o rápido impulso moral que proporcionam. O combustível do debatedor *online* é a sensação de superioridade moral e a satisfação emocional de se sentir, ao menos aparentemente, superior aos demais.

Ao final, não enxergamos o avatar alheio como uma existência complexa, mas como mero estímulo virtual para um ego que busca entretenimento.

O benefício percebido dessa vitória argumentativa sobre desconhecidos é efêmero. Contudo, a lâmina que afiamos nesse jogo nos ferirá enquanto persistirmos nesse vício.

Você não vai ficar mais relaxado, vívido e feliz no final do dia, e sim mais sorumbático e pessimista.

CAPÍTULO 54

Minha saúde é mais importante que a briga

Nunca aceitei a reputação vingativa atribuída ao signo de escorpião, nem me aprofundei em astrologia além do que superficialmente conheço, escolhendo ignorar tal aspecto sobre mim: eu pago para não me estressar.

Sim, já perdi dinheiro que não devia por causa disso. E se dinheiro é a coisa mais importante na sua vida, talvez meu ponto de vista não lhe sirva.

Ao atingir os 40 anos e perceber que meu corpo já não obedece como antes, passei a apreciar os votos de paz e saúde de fim de ano. Provavelmente, já tinha um espírito de idoso, valorizando mais a paz de espírito do que o dinheiro. Apesar da crença de que o dinheiro compra a paz, os milionários perturbados demonstram o contrário.

Outro fator complica meu raciocínio: falta-me a energia de um pitbull. Se eu fosse um cachorro, seria um caramelo sangue bom que resolve brincar só quando parece fácil; complicou demais, eu ia parar de correr atrás do brinquedinho. Na primeira pegadinha do dono, fingindo lançar meu osso favorito, já me deitaria exausto.

Em um feriado nacional, desses em que tudo está fechado, minha filha de 7 anos se queixava de mal-estar; notei febre ao tocá-la. Optei por não aguardar até em casa, parando em uma farmácia para obter remédios. Com a medicação e um termômetro em mãos, aproximei-me do caixa, onde uma única atendente lidava com um casal. A mulher tinha uma postura agitada, nariz bufante, braços cruzados e olhar incisivo.

A cada produto que bipava no leitor de código, ela checava na tela e bufava, até que a pasta de dente sinalizou uma inconsistência com o valor que ela tinha visto na gôndola. Gritou! Parecia bingo, a alegria controversa espumou dela dizendo que queria checar item por item, pois não pretendia ser enganada mais uma vez. Olhou para mim, visivelmente aflito, e disse para a moça do caixa: "Olha só o que vocês estão fazendo com os outros, agora todo mundo vai ter que esperar". Buscou confirmação em mim e eu só disse que minha filha estava com febre no carro e que se o problema fosse dinheiro eu pagava a diferença. O casal riu irônico: "Não se trata de dinheiro, mas de se sentir enganado". Eu sorri desconcertado e falei que só estava com pressa, pois minha filha não estava bem.

Agora preciso compartilhar uma maldade minha: eu sabia que não era dinheiro o problema da mulher, ela só precisava de uma treta e tinha encontrado uma farmácia de bairro para descarregar a frustração de final de ano. Quando ofereci dinheiro, dando a entender alguma piedade, ficou clara para todos a encenação psicológica da mulher. Para ela, parecia um dever supremo de Código de Defesa do Consumidor – e até era. Mas naquele dia, naquela hora, naquele lugar? Do nada, outra atendente surgiu da catacumba e me salvou do embaraço, paguei meu remédio em menos de um minuto e pude socorrer a Nina.

Pessoas que se levam a sério não largam o osso.

Eu sei, se você é essa pessoa, está me chamando de lesado e tentando se convencer de que a cliente tinha razão. Eu não acho que ela não tinha, mas existem muitas maneiras menos constrangedoras de lidar com aquilo. Ela parecia apreciar a atenção dos demais na fila. E até que eu saísse, um motim natalino poderia estar se formando para incendiar o estabelecimento. Ela me lançou um olhar de piedade, possivelmente compartilhado por você agora: pobre coitado, deve ser fácil enganá-lo.

Se fosse só por dinheiro, nem me importaria, mas era uma questão de poder, e esse tipo de queda de braço eu dispenso. O dia tinha sido ótimo, a noite de filha com febre seria trabalhosa. Eu prefiro pagar R$ 0,25 a mais. Sim, essa era a discrepância.

CAPÍTULO 55

A paz como movimento

Quando reclamamos da falta de paz, devemos pensar sobre o que essa paz significa para nós. Geralmente, pensamos em clichês, como uma praia deserta e paradisíaca.

Mas, se você quer continuar convivendo com as pessoas, não deveria desejar um mundo em que a harmonia só venha com ausência de impasses. A vida é uma negociação constante com o desejo dos outros, e nesse território você precisa assumir que as coisas mais estranhas e contraditórias vão acontecer.

Se você não mora numa ilha deserta, vai precisar barganhar espaço com pessoas que tenham aspirações diferentes das suas. Eu gosto de pensar em três eixos que me ajudam a simplificar padrões comportamentais: poder, prazer e segurança.

As pessoas guiadas por poder terão uma tendência a dominância, hierarquia, liderança e controle sobre o outro. Então, a convivência com elas demandará um trabalho de ajustamento contínuo com alguém que vai querer ocupar o território e ver você como uma propriedade dela.

Os motivados pelo prazer escolhem as rotas mais simples e diretas, vendo a vida como uma sequência de prazeres. Depender deles para tarefas duradouras pode levar à frustração.

Já aqueles guiados por segurança vão procurar terreno estável, previsível, cercado de facilidades para se entrincheirar num ambiente tangível e duradouro. Vão evitar riscos, contratempos, surpresas e coisas volúveis.

Se a gente pensar nesses três perfis básicos, já é possível entender o trabalho de convivência, pois existem ainda outras variáveis que compõem uma pessoa. A paz é uma equilibração constante entre vontades que são convictas de suas posições, como se apenas a perspectiva delas fosse a verdadeira. É a história da cigarra e a formiga.

Antes que você se queixe, sim, a democracia é muito mais trabalhosa do que uma ditadura, no entanto tem uma durabilidade profunda mais densa, pois várias partes, ainda que se sintam parcialmente insatisfeitas, saberão quais de seus interesses foram contemplados, ao contrário de concentrar o poder.

Isso mesmo que você leu, todo mundo fica insatisfeito na democracia, pois é preciso juntar um feixe de vontades opostas para formar a corda da convivência em harmonia.

O fim da paz acontece quando uma única pessoa quer ficar satisfeita em detrimento das demais. Se ela for dominante, conseguirá segurar por um tempo a insatisfação total da outra mais frágil, mas será como passar a vida segurando um cano furado: uma hora a água vai sair pelas frestas, se infiltrar e esparramar por todos os lugares.

Isso quer dizer que a paz depende de expressão humana e liberdade suficientes para que as pessoas consigam imaginar o próprio futuro. Se você quer impor a sua visão aos demais, precisa entender que isso não vai durar sem que haja retaliação.

Com certeza você já viveu em condições opressivas, mesmo na infância, período em que temos pouca voz perante os adultos. Na primeira oportunidade, você se insurgiu e tentou o próprio caminho, portanto o mesmo vai acontecer com quem você quer convencer, dominar ou calar.

Paz requer movimento. Embora seja confortável sonhar com a paz em repouso, na realidade, precisamos exercitar essa "equilibração" cheia de movimento e negociação emocional.

CAPÍTULO 56

O prazer vai salvar você

Concordamos que não é preciso esforçar-se para sentir o peso da vida, certo? Em um mundo que muitas vezes se veste de cinza, ter a capacidade de brincar é algo que pode levar a mais sabedoria para resolver conflitos variados. Todo mundo pensa isso ou aquilo, e você vai raciocinar para além da obviedade; o lúdico surge como um convite colorido à liberdade emocional.

Prazos apertados, encontros sociais e tarefas domésticas disputam nossa atenção. Nesse turbilhão, momentos de prazer são verdadeiros oásis. Uma pausa para um café caprichado ou uma caminhada ao som de uma música querida se tornam refúgios, atos de resistência contra o fardo das obrigações em um mundo que nos empurra para a uniformidade e o consumo desenfreado – e o inevitável esgotamento.

E se o prazer e a diversão marcassem presença no trabalho, além dos breves intervalos para o café? Imagine iniciar reuniões com um toque de humor ou usar jogos em sessões de *brainstorming* para estimular a criatividade. Tais métodos, além de dissolverem o estresse, podem elevar o engajamento e a eficiência. A leveza pode ser uma poderosa aliada na solução de problemas complexos e na promoção de um ambiente de trabalho mais colaborativo e inovador (e não aqueles treinamentos vergonhosos que algumas empresas contratam).

Em um jantar entre amigos, risadas e brincadeiras reforçam nossos vínculos. Basta um encontro com velhos companheiros para que episódios hilários sejam revividos, provando que mesmo nos desertos da vida não estamos isolados. Jogos de tabuleiro, noites de karaokê ou conversas despretensiosas servem para revigorar o espírito e relembrar a importância da comunhão.

Desfrutar de atividades prazerosas reduz o cortisol e eleva as endorfinas e substâncias químicas no cérebro associadas à sensação de felicidade. Brincar nos permite explorar novas ideias e expressar emoções de maneira segura, proporcionando um espaço para o autoconhecimento e a expressão criativa.

O prazer é crucial também na superação de traumas. Terapia através da arte, música ou dança permite que as pessoas experimentem a alegria do momento, frequentemente levando a *insights* e progressos significativos no autoconhecimento.

O prazer e a brincadeira atuam como antídotos para a rigidez do dia a dia. Apesar de todas as nossas responsabilidades e desafios, há uma criança dentro de cada um de nós, ansiando por correr livre, rir alto e se deleitar nas pequenas alegrias da vida. Abraçar o prazer, não é escapismo, mas nutrir uma parte essencial de nossa humanidade.

Navegando pelas águas, por vezes agitadas, da vida, deixar o prazer nos guiar pode ser o salva-vidas necessário. Não se trata de negar as dificuldades, mas de equilibrá-las com momentos de pura felicidade e descompromisso. Encontrar o prazer nas pequenas coisas, permitir-se rir das máscaras que inventamos pode não só diminuir a seriedade excessiva, mas também enriquecer nossa jornada de maneiras imprevisíveis e maravilhosas.

"O prazer vai salvar você" é uma ode ao poder curativo da alegria, da brincadeira e da leveza.

CAPÍTULO 57

As decisões importantes nunca são satisfatórias

No intrincado jogo das relações humanas, tomar decisões importantes é muitas vezes comparado a velejar em mar agitado.

Decisões de peso costumam envolver entes queridos, cujas expectativas podem divergir, resultando em misturas complexas que raramente satisfazem todos os envolvidos.

Considere, por exemplo, a decisão de mudar de cidade por uma oportunidade de emprego. Tal escolha não afeta apenas o indivíduo, mas também sua família e amigos. Por um lado, há a promessa de crescimento profissional e de novas experiências; por outro, o custo emocional de se afastar de entes queridos e a incerteza de se adaptar a um novo ambiente. Cada pessoa envolvida pode ter uma visão diferente sobre o que é melhor, tornando a decisão uma equação com múltiplas variáveis e poucas soluções claras.

Da mesma forma, decisões sobre cuidados com pais idosos podem provocar dilemas familiares. Enquanto um irmão defende a ideia de cuidados domiciliares, outro acredita que um asilo é melhor. Essa discordância pode provocar tensões e ressentimentos, mesmo que todos tenham em mente o melhor interesse dos pais.

No relacionamento romântico, a decisão de ter filhos é outra área em que os desejos divergentes podem se chocar. Um parceiro sente-se pronto para a paternidade, enquanto o outro tem reservas, seja por motivos pessoais, seja por razões profissionais ou financeiras. Essa diferença de opiniões cria um impasse significativo, exigindo o equilíbrio delicado entre os desejos individuais e o bem-estar do relacionamento.

Tais situações destacam a intricada natureza das grandes escolhas, que quase nunca são pretas ou brancas, mas apresentam-se em vários tons de cinza. A ambiguidade e a incerteza que acompanham essas grandes decisões podem ser fontes de estresse, ansiedade e até remorso.

Contudo, esses momentos também oferecem chances para examinar mais profundamente nossos valores, prioridades e a natureza de nossos relacionamentos. Podemos aprender a comunicar de modo mais eficaz, ouvir com mais empatia e negociar soluções que, embora não sejam perfeitas, são o melhor, dadas as circunstâncias limitadas.

Além disso, enfrentar tais decisões fortalece nossa resiliência. Acostumar-se com o desconforto de escolhas não ideais e achar serenidade na incerteza nos capacita a lidar com desafios diários de maneira mais serena e equilibrada.

Sempre que hesitar diante de uma escolha crucial, lembre-se de que a busca por satisfação total pode estar te bloqueando. Questões significativas tocam nossas contradições mais profundas. Será inevitavelmente insatisfatório. É difícil decisões de peso atenderem a todas as expectativas.

Abraçar, e não evitar, a complexidade dessas escolhas nos permite ganhar um entendimento mais rico da vida e do nosso lugar no mundo.

CAPÍTULO 58

Sua mãe tem tesão

Eu não sei se já te falaram, mas sua mãe transou com o seu pai. Você pode não gostar dessa ideia, mas é graças a isso que você está me lendo. Não sei se foi um sexo com ou sem amor, mas aconteceu.

É desajeitado pensar na sexualidade dos pais, e nem estou fazendo um convite obsceno de transgressão, mas de despurificação mental. Ignorar o fato de que, com exceção dos bebês de proveta, todo o restante nasceu do sexo. O mesmo sexo que é visto por muitos como uma coisa perigosa, que beira o pecado e pode ser um desvio do bom caminho. Se você tem um purismo e alguma idealização por sua mãe, como se ela fosse casta e inofensiva, é bom considerar que não foi assim o tempo todo.

Fui longe demais? Não se fala das mães assim. É o que dizem.

Meu ponto é que a gente, se quer parar de brigar com a vida, precisa se liberar dessa pureza toda. Da aspiração de sermos a última alfândega da moralidade, em que nenhuma sujeira passa pela inspeção. É desse lugar imaculado que você se choca o tempo todo com a vida cotidiana.

É por não aceitar que existem coisas que vão além da sua compreensão, aceitação e imaginação que você se tornou esse juiz da moralidade. Por isso não dorme bem, pois gasta tempo se chicoteando por se deparar com o inaceitável em si.

A cada tentativa de fingir que não está vendo algo inaceitável, a vida vem com um solavanco arrastando as coisas para o outro lado. Não se deveria morrer de forma trágica e abrupta. Não desejamos isso pra ninguém, mas não se trata do que se deseja, porém daquilo que é, com ou sem a nossa concordância.

A gente pode esbravejar, lutar, fazer tratamento, estudar loucamente, controlar cada movimento, polir toda palavra, mover céus e terras e os furúnculos continuarão brotando, inconvenientes. Quase tudo de terrível age como um verme incômodo.

Ficar resguardado num manto de superioridade moral, como a patrulha do bem, pode trazer uma sensação ilusória de controle sobre a dimensão imprevisível da vida, mas não vai mudar nada.

Cada desejo não assumido, vontade malcriada, imaginação imprópria, tudo isso virá à tona, por algum canto que seja, não adianta fingir. Sua mãe transou e você nasceu, isso é embaraçoso e verdadeiro.

Não estou dizendo que precisa concordar com o que há de indigesto no mundo, a maior parte das tragédias nos causa arrepio só de pensar, mas é inútil passar o tempo todo negando as coisas repugnantes que você rejeita para higienizar o seu caminho. Elas continuarão pregando peças e brotando em lugares inoportunos.

CAPÍTULO 59

Nada vai atrapalhar

Quando você vê alguma coisa fora do lugar, talvez o impulso imediato seja devolvê-la ao ponto original. Contudo, quem decidiu que aquilo pertencia àquele lugar foi você. Pode ser intrigante questionar: qual é o lugar em que uma coisa realmente deveria estar? E se, à noite, enquanto você dorme, elas desejassem explorar a casa em busca de novos ares, cansadas de estar sempre no mesmo ponto?

Embora objetos não tenham desejos, essa analogia nos faz pensar nas pessoas e em eventos em nossa vida. Assim como escolhemos o lugar dos sapatos, pode ser que estejamos decidindo o destino dos outros sem perguntar a eles próprios.

Existem normas sociais que ditam quando alguém deve sair da casa dos pais, mas essas regras ignoram a singularidade de cada trajetória. A pressão para se conformar desconsidera as escolhas pessoais, inclusive o desejo de permanecer na casa dos pais.

Na minha jornada como psicólogo, aprendi a ver cada indivíduo como uma obra de arte única, complexa e cheia de nuances. Valorizar a singularidade de cada pessoa, sobretudo aquelas que desafiam convenções, é crucial para uma compreensão mais profunda e empática do ser humano.

Todos os dias, tento abrir mão da ideia de que sei qual é o melhor lugar para as pessoas. Em vez disso, busco entender seus desejos e motivações, mesmo que não correspondam às expectativas que criei. Cada indivíduo é um universo de possibilidades, repleto de contradições, mas genuinamente autêntico.

Tentar controlar ou definir de maneira rígida o caminho dos outros é uma batalha perdida. Até a pessoa mais dócil encontrará formas de mostrar sua verdadeira essência, longe do julgamento alheio. Nada está realmente fora do lugar; é nossa resistência à diversidade que provoca conflito.

Não me entenda mal, pode parecer que prefiro um mundo sem regras, mas o que me desafia é aceitar que a vida transcende minhas expectativas. A vida é o que é, independentemente do que desejamos ou esperamos dela.

No fim, a escolha é clara: passar a vida tentando arrumar o que não está quebrado ou abraçar a imprevisibilidade e a diversidade dela. Reconhecer e aceitar a natureza intrínseca das pessoas, eventos e objetos é essencial para uma existência mais harmoniosa.

CAPÍTULO 60

Pode brigar!

Agora, vou realmente te deixar em paz. Se estiver desejando mais provocações minhas, considere presentear este livro a duas pessoas. Quando muitos livros são vendidos, o autor entende que precisa dizer mais algumas coisas sobre o assunto; caso contrário, ele fica quieto e acha que já falou o suficiente.

Antes de parar de tagarelar "pare de brigar com a vida, pare de brigar com a vida", o que eu tenho a dizer é: siga brigando com a vida. No fundo, isso quer dizer que você está interessado por alguma coisa, e ainda lhe resta uma pequena veia que pulsa. Sim, de um jeito controlador, provavelmente moralista e cheio de "deve e não deve", mas há um interesse que compele o seu coração para esse mundo estranho em que vivemos.

E, se você vai ficar mesmo brigando com a vida, espero que brigue do jeito "certo" – talvez não seja bem essa a palavra, mas vamos usá-la (eu sei que você gosta do jeito certo de fazer as coisas). Não brigue com as pessoas, brigue pelas pessoas, junto com elas, pelas coisas delas.

Não brigue com os acontecimentos, mas pelos acontecimentos, pelos motivos e lugares que eles apontam. Olhe para o fluxo do vento e não lute contra, mas a favor de suas lufadas. Em especial, na direção daquilo que você ainda não compreende. E não por existir uma mensagem oculta no fim do arco-íris, mas porque tudo aquilo contra o qual você está brigando é uma maneira inusitada de a vida dialogar com você.

Se deseja com sofreguidão a companhia de alguém que não retribui, pare de confrontar a vida, aceite, mas não porque ela é furada, um livramento ou não era a sua alma gêmea – e menos ainda por ter algo reservado que seja melhor. Mas é só porque as coisas que são somente são. O que não é, não é. Não existe um plano oculto, só não era. Quando uma coisa escapa da sua mão, deixe ir. Se sua mão fosse capaz de segurar aquilo de verdade, não teria caído.

Isso vai contra qualquer filosofia de "lute pelos seus sonhos". É provável que você conheça uma dúzia de pessoas que não largaram mão de uma coisa e venceram. Verdade, mostram que a persistência pode prender-nos a algo por um longo tempo. A diferença é que algumas ficam presas concretamente e outras, só na imaginação. Isso, porém, não é vitória, é só uma prisão bonita.

A verdadeira felicidade tem outra cara, ela caminha suave, sem neurose ou esforço. Tem gente que vai passar a vida agarrada numa coisa, tem gente que não. Para muitos, o dinheiro (sim, sei que isso passou pela sua cabeça) é tudo que possuem, enquanto para outros uma fortuna seria prejudicial.

Já estou sentindo as pedras jogadas em minha direção como se eu fosse o arauto do conformismo. Não é isso.

O que sei, e você pode ver isso na prática, é que existem coisas que são fáceis para certas pessoas e para outras não. Nem é meritocracia, há quem naturalmente transborde poesia, embora, no mundo como o construímos, poesia pareça inútil. Contudo, isso não diminui seu valor. A essência da poesia está em sua revelação, não em seu potencial monetário.

Se o seu lance ainda não é dinheiro, então deve ser outra coisa. Vá fazer isso, talvez seja melhor do que ficar brigando com a vida. Desperte, criatura!

Sinceramente, espero que não gaste sua vida agarrado às certezas, enfrentando o mundo inteiro. Se essa for sua natureza, nada vai detê-lo. Continue a sua luta, mas saiba que existe mais esperando por você; talvez não visível de imediato, mas decerto ao seu alcance. É por essas coisas, aquelas que revelam o nosso ser, que vale a pena brigar.

Agradecimentos

Eu quero agradecer a todo mundo que me fez tropeçar ou que tropeçou na minha frente (e eu juro que tento não rir). Sem isso, seria impossível escrever uma só linha.

A Nina, minha filha querida.

A Felipe Brandão, Fernanda Simões Lopes, Bernardo Machado e à Editora Planeta, sempre abertos à minha escrita.

A Dany Sakugawa, pelo apoio nesse processo, e a todos os leitores críticos que me ajudaram nisso: Thais, Fernanda e Andressa.

Leia também

Frederico Mattos

MATURIDADE EMOCIONAL

Por que algumas
pessoas agem como
adultas e outras não

PAIDÓS

Suas emoções são suas aliadas ou inimigas? Você tem controle sobre elas a ponto de fazê-las serem ferramentas para conquistar seus sonhos?

A maturidade emocional é o que nos garante uma vida mais leve e plena, uma vida onde o problema não é o foco, mas sim uma nova oportunidade de amadurecimento.

Ao amadurecer, você melhora o espaço mental para olhar para dentro e para os outros; ganha mais tempo emocional para gerenciar suas reações com propriedade e estabilidade; amplia sua presença no mundo e se conecta com os outros sem cair em jogos emocionais; flui com mais abertura e sabedoria na sua personalidade; e vive leve e sem desequilíbrios nas emoções. Neste livro você encontrará as ferramentas que precisa para descobrir a maturidade emocional e viver a vida que sempre quis viver.

**Acreditamos
nos livros**

Este livro foi composto em Adobe Garamond e Futura para a Editora Planeta do Brasil e impresso pela gráfica Santa Marta em março de 2025.